Die Anfänge Roms

Rom ist heute die Hauptstadt Italiens. Die Stadt ist schon sehr alt. Sie hat eine lange, bedeutende Geschichte. Keiner weiß genau, wann und wie die Stadt Rom entstanden ist.

Das Wahrzeichen Roms (Die römische Wölfin mit Romulus und Remus)

Etruskische Krieger

(1) Die beiden folgenden Texte berichten von der Entstehung Roms. Lies und vergleiche. Ergänze die Zusammenfassung.

Eine Sage berichtet, wie Rom entstanden ist: In der Nähe der heutigen Stadt Rom lebte einst der König Numitor. Er hatte zwei Enkel, **Romulus** und **Remus.** Ein grausamer Onkel wollte die beiden Kinder töten, um selbst zu regieren. Er setzte Romulus und Remus in einen Korb auf den Fluss Tiber. Der Korb trieb aber nicht zum Meer, sondern blieb an einem Feigenbaum hängen. Eine **Wölfin** hörte das Wimmern und säugte die Kinder. So blieben sie am Leben. Später fand ein Hirte die Knaben. Er zog sie auf. An der Stelle, an der die Knaben gerettet worden waren, wollten die beiden eine Stadt bauen. Romulus zog einen Erdwall um die neue Stadt. Remus aber spottete, weil er so niedrig war, und sprang darüber. Da erschlug Romulus seinen Bruder im Zorn. **Romulus** baute die Stadt und nannte sie **Rom**. Das soll sich im Jahre **753 v. Chr.** ereignet haben.

Das sagen Forscher über die Anfänge Roms: Aus Bodenfunden wissen wir, dass es um 1000 v. Chr. auf den sieben Hügeln schon kleine Dörfer gab. Darin wohnten die Volksstämme der **Latiner** und **Sabiner**. Sie waren Hirten und Bauern. Die erste Siedlung entstand wahrscheinlich auf dem Hügel **Palatinus** (Palatin). Später ließen sich auch die **Etrusker**, ein anderer Volksstamm, hier nieder. Sie bildeten aus den Gemeinden auf den sieben Hügeln den Stadtstaat Rom und regierten als **Könige**.
Im Tal zwischen den Hügeln bauten die Bewohner einen Versammlungsort und Marktplatz, das **Forum**. Hier kreuzten sich die wichtigsten Straßen aus Norden, Süden, Osten und Westen. Hier hatte auch der König sein Haus. Auf dem steilen Felsenhügel **Kapitol** bauten die Römer ihrem höchsten Gott **Jupiter** einen **Tempel**.

Aus der frühen Zeit Roms

Der Sage nach wurde Rom im Jahre ____________ von ______________ gegründet. Aus Bodenfunden wissen wir, dass es um ____________ v. Chr. auf den 7 Hügeln schon Dörfer gab. Hier lebten als Vorfahren der Römer drei Volksstämme: die ____________, die ____________ und die ______________. Die ersten Könige waren aus dem Volksstamm der ______________. Der Versammlungsort und Marktplatz der Römer war das ____________. Auf dem Felsenhügel Kapitol stand der Tempel des höchsten Gottes ____________. Das Wahrzeichen Roms ist heute noch ________________.

Die Siebenhügelstadt Rom

In der Karte ist der Umriss der Stadt Rom mit ihren sieben Hügeln dargestellt.

(2) Suche das Forum (den Marktplatz) und male diesen Platz rot aus.

(3) Suche in der Kartenskizze Italien. Ein kleiner Kreis zeigt, wo Rom liegt. Male ihn aus.

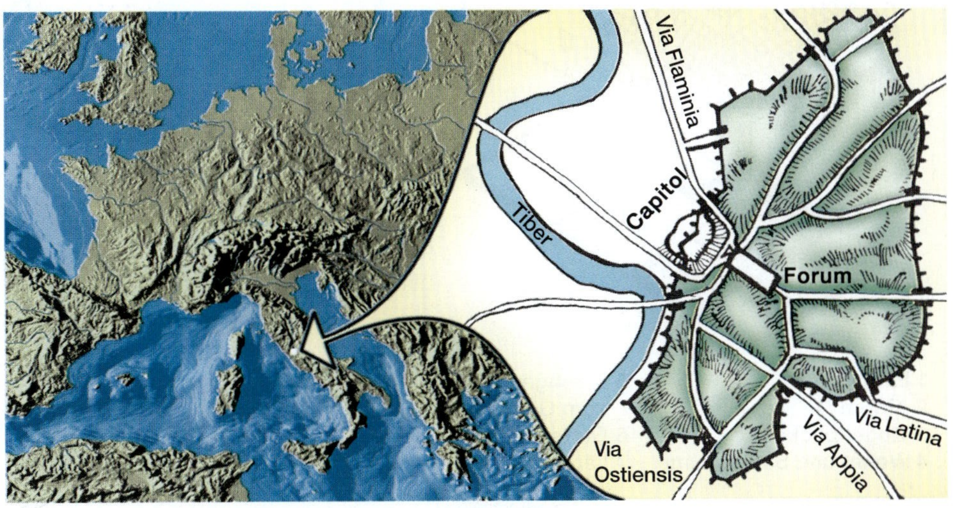

Das Leben im altrömischen Stadtstaat

Die altrömische Familie
An der Spitze der römischen Familie stand der Vater. Ihm mussten alle Familienangehörigen gehorchen. Das waren seine Frau, seine Kinder, die verheirateten Söhne mit ihren Familien und die Haussklaven. Der Vater bestimmte über das gesamte Familieneigentum, auch über das Geld der verheirateten Söhne. Bei Familienstreitigkeiten war der Vater auch Richter. Er konnte seine Kinder und die Sklaven verkaufen oder sogar töten lassen. Die Frau führte den Haushalt und war hoch angesehen. Sie erzog die Kinder, solange sie klein waren. Verstorbene Vorfahren wurden als eine Art göttliches Wesen verehrt. Von ihnen stellte man im Hause Totenmasken auf.

Die altrömische Familie

Familie im alten Rom – Familie heute bei uns

(1) Lies die Beschreibung der römischen Familie und kreuze an, zu welcher Familie die Aussagen passen.

	römische Familie	Familie heute
Zur Familie gehören Vater, Mutter, Kinder, verheiratete Söhne, Sklaven	☐	☐
Zur Familie gehören Vater, Mutter, Kinder	☐	☐
Vater und Mutter sind in der Familie gleichberechtigt	☐	☐
Der Vater herrscht ganz allein in der Familie	☐	☐
Die Kinder dürfen in vielen Dingen mit entscheiden	☐	☐
Wenn die Kinder 18 Jahre alt sind, dürfen sie allein über sich bestimmen	☐	☐
Verheiratete Söhne müssen ihr Geld an den Vater abgeben	☐	☐
Der Vater ist Richter in der Familie	☐	☐

(2) In welcher Familie möchtest du lieber leben? Begründe.

(3) Betrachte die Zeichnung und ergänze den Lückentext.

Römisches Haus

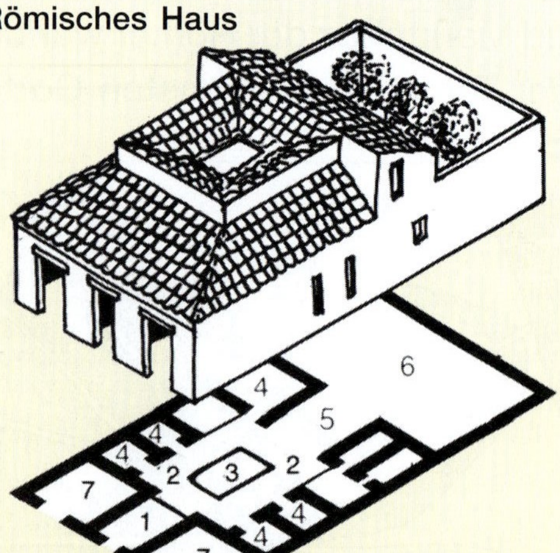

1 Eingang
2 Atrium
3 Regenbecken
4 Wohn- und Schlafräume
5 Durchgang zum Garten
6 Garten
7 Läden

In einem römischen Haus

Man betrat das Haus durch den ◯ ________-________. Dieser führte in den Hauptraum, das ◯ ____________. Dessen Dach senkte sich von allen vier Seiten zur Mitte hin und hatte eine große viereckige Öffnung. Darunter war in dem Boden das ◯ ____________________ eingelassen. Darin wurde das Regenwasser gesammelt. Rings um das Atrium lagen die ◯ ______-______________________ der Familie. Ein ◯ ____________________ führte in den ◯ ____________. Vorne im Hause waren die ◯ __________.

Vom Königreich zur Republik

Patrizier und Plebejer

Die Bevölkerung Roms bestand aus zwei Gruppen, den Patriziern und den Plebejern.
Die Patrizier entstammten den alten Familien Roms. Sie besaßen große Landgüter und viel Vieh.
Die Plebejer waren Bauern, Handwerker oder Händler. Sie bildeten den größeren Teil der Bevölkerung.

(1) Welche Angaben im rechten Feld passen zu den Begriffen Patrizier oder Plebejer? Ziehe Verbindungslinien.

	○ Handwerker
Plebejer ○	○ Bauern
	○ alte Familien Roms
Patrizier ○	○ reiche Landbesitzer
	○ größerer Teil der Bevölkerung
	○ Händler

Rom wird Republik

Um 510 v. Chr. vertrieben die Römer ihren König. Von nun an wollten die Bürger selbst regieren. Darum nannten sie ihren Staat auch "gemeinsame Sache", auf lateinisch "res publica", die Republik. Die Patrizier machten aber zunächst keine gemeinsame Sache mit den Plebejern. Sie ließen die Plebejer nicht mit regieren. 200 Jahre kämpften die Plebejer, bis sie die gleichen Rechte und Pflichten hatten wie die Patrizier.

(2) Erzähle mithilfe der Grafik, wie Rom um 300 v Chr. regiert wurde. Klebe dazu auch die Textkärtchen ein.

Wie Rom um 300 Jahre v. Chr. regiert wurde

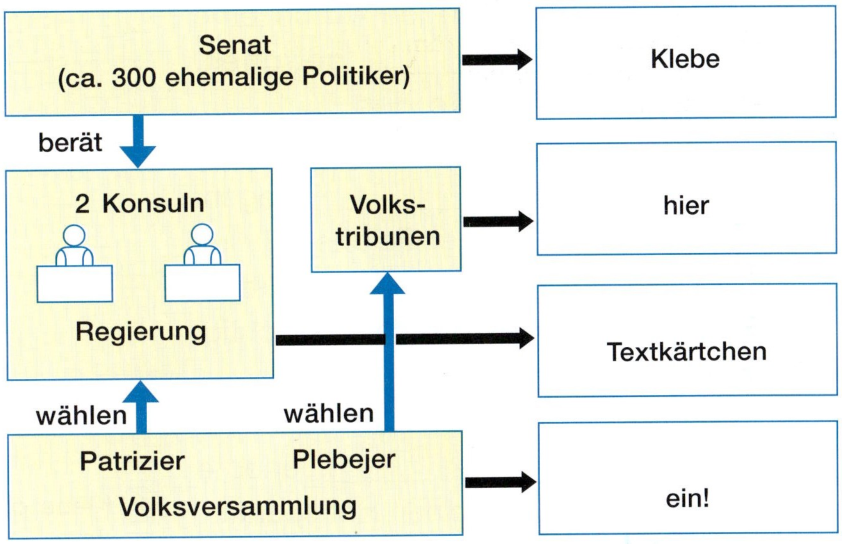

Rom um 300 v. Chr.

(3) Lies die Sätze. Kreuze an, was zutrifft.

1 Um 300 v. Chr. war Rom	☐ ein Königreich	☐ eine Republik
2 Die Macht im Staate	☐ hatte nur einer	☐ war aufgeteilt
3 Zur Volksversammlung gehörten	☐ Patrizier und Plebejer	☐ nur die Patrizier
4 Die Volksversammlung	☐ leitete die Regierung	☐ wählte die Regierung und beschloss Gesetze
5 An der Spitze der Regierung standen	☐ 2 Konsuln	☐ die Volkstribunen
6 Die Konsuln wurden gewählt	☐ für 1 Jahr	☐ für 4 Jahre
7 Die Volkstribunen schützten	☐ die Patrizier	☐ die Plebejer
8 Der Senat	☐ beriet die Regierung	☐ wählte die Regierung

Die Römer gründen ein Weltreich

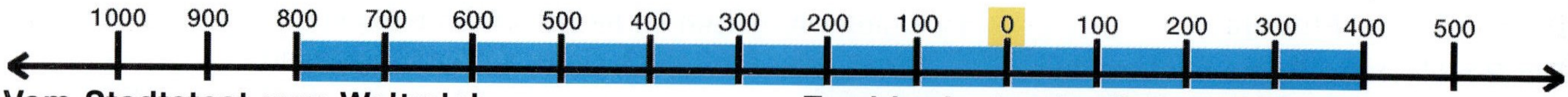

Vom Stadtstaat zum Weltreich

Der Ursprung des römischen Weltreiches war die Stadt _______ . Sie soll der Sage nach 753 v. Chr. von _____________ gegründet worden sein. Anfangs regierten ___________ die Stadt. Um 500 v. Chr. verjagten die Römer ihren König. Von nun an regierten zwei _____________ , die in jedem Jahr neu gewählt wurden. Daneben gab es den _______ _______ , den Rat der Alten. Jetzt wurden die wichtigsten Entscheidungen durch eine ____________________________ getroffen. Nach und nach eroberte der _________ _______ Rom ganz Italien und alle Länder, die rings um das __________________ lagen. Um 50 v. Chr. eroberte der Feldherr Julius ___________ auch das heutige Frankreich und England. Er wurde dadurch so mächtig, dass er sich in Rom zum ______________ _________ machen konnte. Unter seinem Nachfolger Kaiser _____________ erlebte das römische Weltreich seinen Höhepunkt.

(1) Vervollständige den Lückentext.

Verwende: Alleinherrscher, Augustus, Caesar, Könige, Konsuln, Mittelmeer, Rom, Romulus, Senat, Stadtstaat, Volksversammlung

Zwei bedeutende römische Herrscher

Julius Caesar

Kaiser Augustus

(2) Klebe die passenden Textkärtchen zu den Bildern.

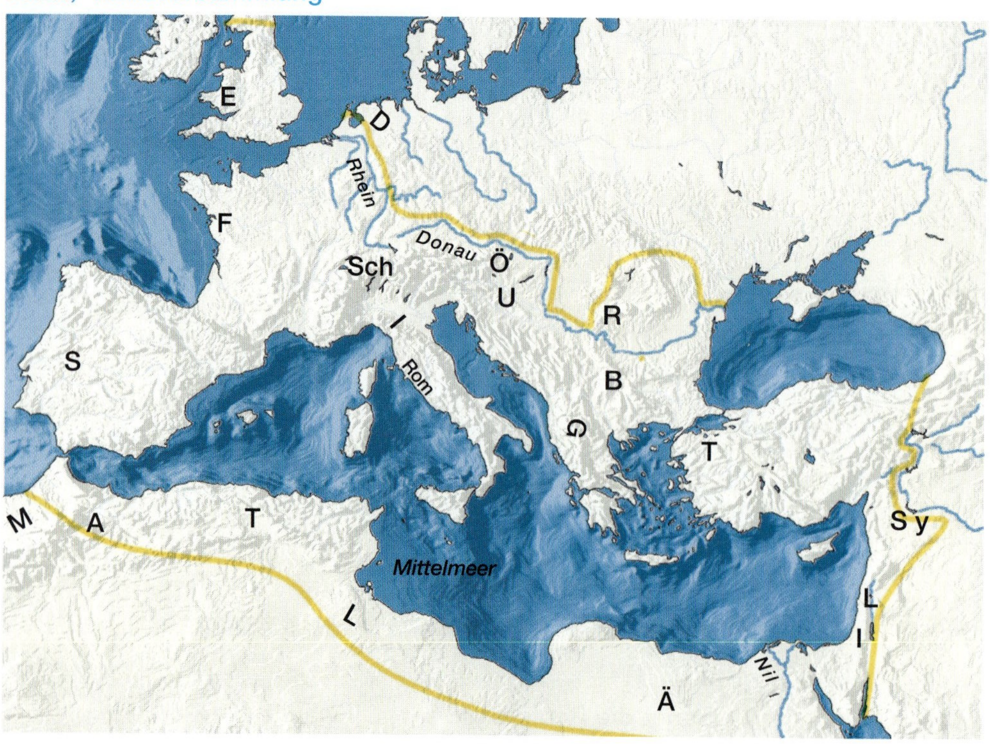

Römisches Weltreich

(3) Das Römische Weltreich hatte seine größte Ausdehnung um das Jahr 100 n. Chr. Siehe dazu die nebenstehende Karte. Ziehe die gelbe Grenzlinie rot nach.

(4) Nimm den Atlas zur Hand und versuche herauszufinden, welche Namen die Länder heute tragen. Die Anfangsbuchstaben sind als Hilfe angegeben. Schreibe die Namen, die du gefunden hast, auf ein Zusatzblatt.

Wie das Weltreich verwaltet wurde

Das römische Weltreich hatte nur eine Hauptstadt: Rom. Hier regierte der Kaiser, hier wurden Gesetze beschlossen. Hier waren die obersten Behörden und das oberste Gericht.

Die Völker im römischen Reich hatten unterschiedliche Rechte

Römische Bürger	Bundesgenossen	Unterworfene Völker

(1) Klebe die Textkärtchen ein und beantworte folgende Fragen:

a) Wer hatte die meisten Rechte? ______________________________

b) Welche Rechte und Pflichten hatten die Bundesgenossen? ______________________________

____

____

____

c) Welche Rechte und Pflichten hatten die unterworfenen Völker?

____

____

Wie Rom die Provinzen ausbeutete
Die eroberten Gebiete waren in Provinzen eingeteilt. Römische Beamte, die Statthalter, verwalteten sie. Der Statthalter war Oberbefehlshaber der in seinem Gebiet stationierten Truppen. Er hatte für Ordnung und Gehorsam zu sorgen. Seine zweite wichtige Aufgabe war es, Steuern, Lebensmittel, Gold, Silber und Sklaven in der Provinz einzutreiben und nach Rom zu schicken.
Mancher Statthalter beutete seine Provinz rücksichtslos aus und machte sich selbst zu einem reichen Mann.

Ein Text berichtet darüber:

Aus einer Anklagerede des römischen Staatsanwaltes Cicero gegen den Statthalter Verres von Sizilien:
"Ich behaupte, in ganz Sizilien, einer so reichen, so alten Provinz gab es kein Silbergefäß, keinen kostbaren Stein, keine Perle, nichts aus Gold oder Elfenbein, keine Statue aus Bronze oder Marmor, kein Gemälde, die Verres nicht aufgestöbert und wenn sie ihm gefiel, weggeschafft hätte."

Cäsar und Augustus beseitigten die Missstände in den Provinzen, indem sie die Höhe der Steuern schriftlich festlegten. Hielt sich ein Statthalter nicht daran, wurde er bestraft.

Dieses Relief wurde bei Ausgrabungen einer römischen Siedlung in Neumagen an der Mosel gefunden.

(2) Versuche herauszufinden, was hier dargestellt ist.

(3) Ergänze den Lückentext.

Die Völker im römischen Reich hatten unterschiedliche R________ . Die eroberten Gebiete waren in P________________ eingeteilt. Sie wurden von einem St________________ verwaltet und häufig ausgebeutet. Erst unter Caesar und A________ wurde die Höhe der St__________ genau festgelegt.

Die Weltstadt Rom

Hauptstadt und Mittelpunkt des römischen Weltreiches war die Millionenstadt Rom. Täglich strömten unzählige Besucher aus allen Teilen des Weltreiches nach Rom, um Handel zu treiben, Verwandte oder Bekannte zu besuchen oder die vielen Sehenswürdigkeiten zu bestaunen. Wie Rom zur Kaiserzeit ausgesehen hat, zeigt das Stadtmodell. Wissenschaftler haben es nach umfangreichen Forschungen nachgebaut.

(1) Durch welche Arbeiten haben Forscher vor allem Erkenntnisse über die alte Stadt Rom gewonnen?

Das Forum Romanum. Diese Überreste sind noch heute in Rom zu sehen.

Große Bauwerke in Rom

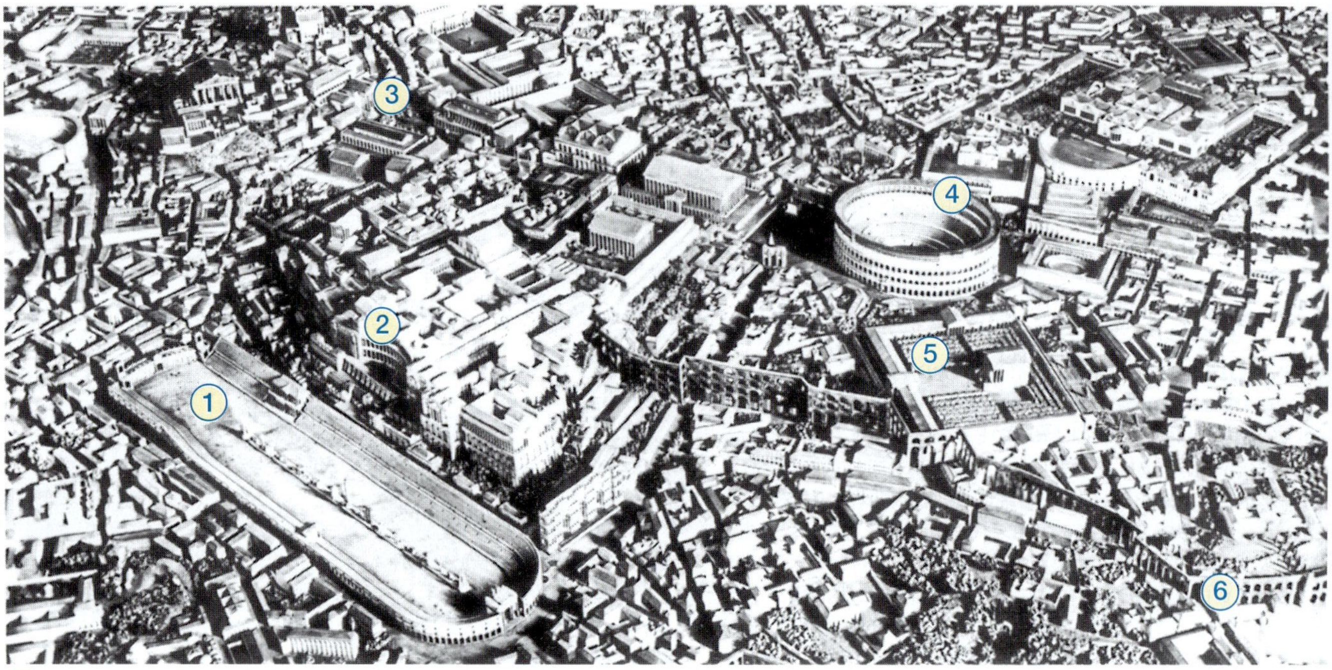

(2) Textkärtchen sagen etwas über die Sehenswürdigkeiten in Rom aus. Ordne sie den Namen zu.

1 Circus Maximus

2 Kaiserpalast

3 Forum

4 Kolosseum

5 Thermen

6 Wasserleitung

(3) Verbinde, wozu die in der linken Spalte aufgeführten Einrichtungen dienten.

Forum ○	○ Rennbahn für Pferde- und Wagenrennen
Circus Maximus ○	○ Öffentliche Bäder
Kolosseum ○	○ Markt- und Versammlungsplatz
Thermen ○	○ Stadion für Spiele und Kämpfe

Städtisches Leben in der Weltstadt Rom

Wohnen in Rom

Für die ständig steigende Bevölkerungszahl in Rom mussten immer mehr Wohnungen gebaut werden. Wie die Römer dabei vorgingen, beschreibt uns Vitruvius, ein Architekt unter Kaiser Augustus:

> *"Da nun das vorhandene Baugelände bei einer ebenerdigen Bebauung nicht mehr dem Bedarf einer solchen Menschenmenge genügen kann, zwang die Not dazu, durch Errichtung höherer Gebäude Abhilfe zu schaffen ..."*

(1) Berichte, warum die Römer mehrstöckige Wohnhäuser bauten.

____

____

____

____

____

____

____

In der Weltstadt Rom gab es ungefähr 1800 Privathäuser der reichen Leute. Der größere Teil der Bevölkerung wohnte in ca. 50000 Mietshäusern.

(2) Klebe die passenden Textkärtchen unter die entsprechenden Häuser.

(3) Beschreibe nun das abgebildete Privathaus und das Mietshaus.

Privathaus (Villa)

Mietshaus

(4) Ergänze die Aussagen.

In Rom gab es prachtvolle ______________________________

Mittelpunkt der Stadt war ______________________________

Die reichen Leute besaßen ______________________________

Die meisten Menschen wohnten in ______________________________

In den Straßen drängten sich bei Tage ______________________________

Fast alle Straßen hatten ______________________________

200 000 Arme (Proletarier) wurden ______________________________

Zur Unterhaltung gab es ______________________________

Verwende:

... das Forum Romanum.
... große Villen.
... kostenlos vom Staat ernährt.
... öffentliche Gebäude aus Marmor.
... 5–6-stöckigen Mietshäusern.
... keine Namen, die Häuser keine Nummern.
... Menschen aller Rassen und Sprachen.
... Spiele und Kämpfe im Kolosseum.

Christen im Römerreich

Die Apostel Petrus und Paulus auf einer römischen Münze (oben in der Mitte das Christuszeichen)

Die Anfänge des Christentums

Als Kaiser Augustus regierte, wurde in Palästina Jesus Christus geboren. Mit 30 Jahren fing er an, in den Dörfern und Städten Palästinas zu predigen. Nach Christi Tod verbreitete sich die christliche Lehre über das Römerreich. Um 55 n. Chr. verkündete der Apostel Paulus die christliche Lehre in der Hauptstadt Rom.

Das heidnische Rom und der christliche Glaube

1. Textkärtchen nennen grundlegende Unterschiede der religiösen Auffassung der Römer zur Lehre der christlichen Religion. Ordne die Texte ein.
2. Versuche, aus den Texten Gründe zu finden, warum immer mehr Menschen Christen wurden. Schreibe auf ein Zusatzblatt.

Die Christen	Die heidnischen Römer

Die Christen werden verfolgt

Die Christen beteten nur einen Gott an. Sie weigerten sich, den heidnischen Göttern der Römer und dem Kaiser zu opfern. Darum wurden sie als Staatsfeinde betrachtet und verfolgt. Die erste Christenverfolgung fand im Jahre 64 n. Chr. unter Kaiser Nero statt. Der Römer Tacitus berichtet darüber:

> *„Als in Rom ein großer Brand ausbrach, schob Nero die Schuld auf die Christen. Er ließ die Christen ergreifen und im Zirkus von wilden Tieren zerreißen. Andere ließ er mit Pech bestreichen und als lebende Fackeln verbrennen.“*

Christen werden im Zirkus von wilden Tieren zerrissen (Elfenbeinrelief)

3. Betrachte das Bild. Erzähle.
4. Wie denkst du über die Christenverfolgung?
5. Verbinde die zusammengehörenden Aussagen.

Die Römer ○	○ Es gibt nur einen Gott, unseren Herrn.
Auch die römischen Kaiser ○	○ wollten dem Kaiser keine Opfer bringen.
Die Christen lehrten: ○	○ glaubten an Naturgötter.
Die Christen ○	○ breitete sich der christliche Glaube überall aus.
Viele römische Kaiser ○	○ wurde das Christentum römische Staatsreligion.
Trotz der Verfolgung ○	○ ließen sich als Götter verehren.
Im 4. Jahrhundert n. Chr. ○	○ ließen die Christen verfolgen und töten.

Die Germanen

Die Siedlungsgebiete der Germanen

Während in Rom Kaiser Augustus regierte, lebten in unserer Heimat die Germanen.

(1) Die Skizze gibt an, welche germanischen Volksstämme in den verschiedenen Landschaften unserer Heimat um Chr. Geb. gelebt haben. Schreibe auf, welche Stämme in deiner Heimat angesiedelt waren.

____

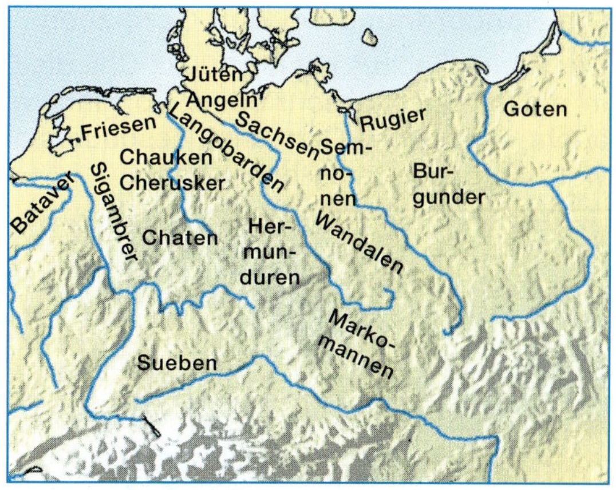

Wie die Germanen lebten

Die Germanen waren Bauern. Sie führten kein städtisches Leben wie die Römer. Der römische Geschichtsschreiber Tacitus beschreibt in einem Buch, wie die Germanen lebten:

„Die Germanen lieben nicht einmal geschlossene Siedlungen. Städte kennen sie nicht. Sie wohnen lieber in Einzelhöfen und bauen dort, wo eine Quelle, ein Feld, ein Gehölz dazu einlädt. Ihre Dörfer bauen sie nicht nach unserer Art mit geschlossenen Häuserreihen. Um jedes Haus liegt ein freier Platz. Behauene Steine oder Ziegel benutzen sie nicht, sondern nur rohe Holzstämme. ...
Wenn die Männer nicht im Krieg sind, gehen sie auf die Jagd; sie überlassen die Sorge für Haus und Hof und die Feldbestellung den Frauen, den alten Leuten und den Kriegsuntauglichen ihrer Familie."

(2) Lies zuerst den Abschnitt „Wie die Germanen lebten" und den Bericht des Geschichtsschreibers Tacitus. Kreuze dann an, welche Aussagen zutreffend sind. Einmal sind zwei Aussagen zutreffend.

1. Die Germanen lebten	☐ in Städten	☐ in Dörfern und auf Einzelhöfen
2. Zum Hausbau nahmen sie	☐ Steine und Ziegel	☐ rohe Holzstämme
3. Die Männer	☐ gingen auf die Jagd	☐ bestellten die Äcker
4. Die Frauen und die Alten	☐ sorgten für Haus und Hof	☐ bestellten die Äcker

Auf dem Thing

Das Thing war eine Versammlung aller freien Männer. Auf dem Thing wurden gemeinsame Aufgaben beschlossen, Streitigkeiten verhandelt und Recht gesprochen. Tacitus schreibt darüber:

"Auf dem Thing darf man auch Klage erheben und Entscheidung über Leben und Tod anrufen. Die Strafen sind je nach der Art des Vergehens verschieden. Verräter und Überläufer hängen sie an dürren Bäumen auf. ...
Bei leichteren Fällen muss der Schuldige eine bestimmte Anzahl von Pferden und Rindern abliefern. Die eine Hälfte der Buße bekommt der König oder der Stamm, die andere Hälfte der, dem Recht verschafft wurde, oder seine Familie. ..."

(3) Worin bestanden die Strafen?

Strafen für schwere Vergehen: ______________________________

____

Strafen für leichtere Fälle: ______________________________

____

Auf dem Thing

Vom Zusammenleben der Germanen

Die Rangordnung bei den Germanen

Der Römer Tacitus hat um 100 n. Chr. die Germanen in einem Buch beschrieben. Von ihm wissen wir auch, wer bei den Germanen besonders angesehen war und besondere Rechte hatte.

(1) Lies die Erklärungen auf den Textkärtchen.

(2) Ordne sie den passenden Bildausschnitten zu und klebe sie ein.

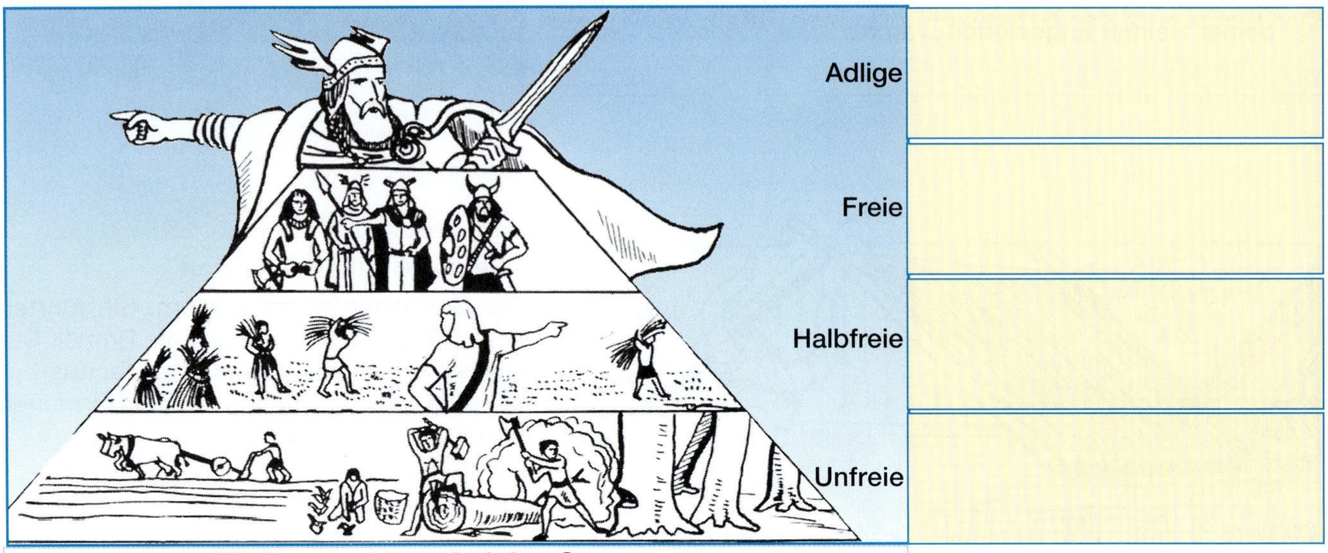

Die Rangordnung bei den Germanen

Der Aufbau eines germanischen Stammes

Bei den Germanen bildeten mehrere verwandte Familien eine **Sippe.** Sie wohnte in einem Dorf zusammen. Mehrere Sippen bildeten einen **Gau**, mehrere Gaue einen **Stamm** oder eine Völkerschaft. An der Spitze des Stammes stand ein **Fürst** oder **Herzog**, manchmal auch ein **König**.

(3) Die Skizze stellt den Aufbau eines germanischen Stammes dar.

Beschrifte die leeren Felder entsprechend.

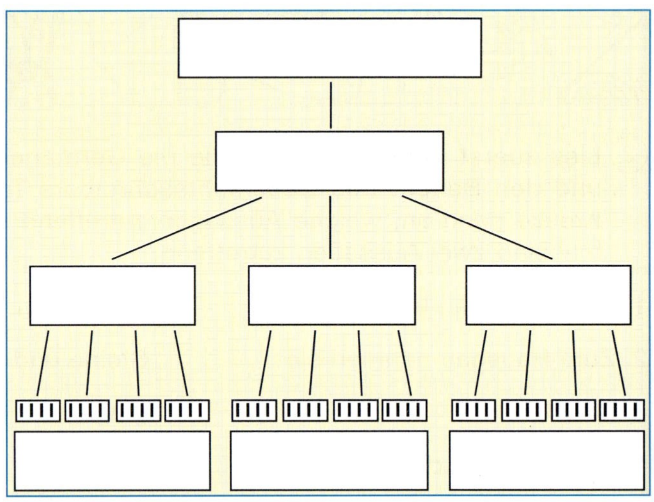

Wer aufgepasst hat, kann das Rätsel lösen

(4) Fülle das Kreuzworträtsel aus. Die Buchstaben im blauen Feld ergeben von oben nach unten gelesen das Lösungswort.

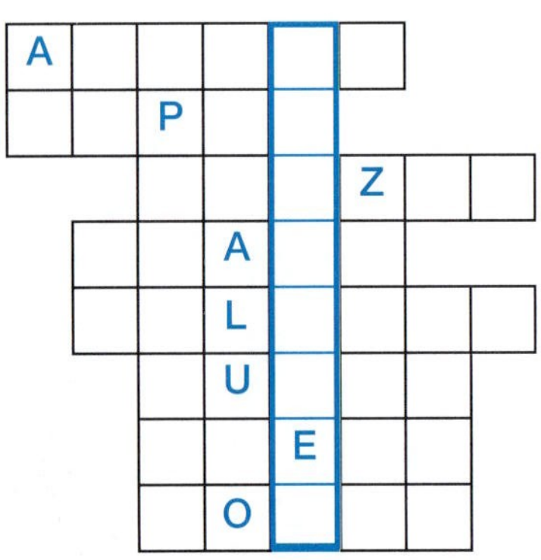

1) Sie hatten die größten Viehherden und waren besonders angesehen
2) Großfamilie, Zusammenschluss verwandter Familien
3) Er stand an der Spitze eines Stammes
4) Anderer Name für Völkerschaft, bestand aus vielen Gauen
5) Anderer Name für Unfreie
6) So hießen die germanischen Schriftzeichen (Runen)
7) Sie durften Waffen tragen und hatten politische Rechte
8) Germanischer Gott, nach ihm ist der Donnerstag benannt

Unsere Vorfahren waren die ____________________

Die Römer in Germanien

Als Augustus römischer Kaiser war, wollten die Römer auch Germanien erobern. Der germanische Herzog Armin und seine Krieger bekämpften sie. Im Jahre 9 n. Chr. besiegten die Germanen die Römer in der Schlacht im Teutoburger Wald. Danach zogen sich die Römer bis zum Rhein und zur Donau zurück. Zum Schutz vor den Germanen bauten sie zwischen beiden Flüssen einen Grenzwall, den Limes.

Der Limes war der Grenzwall zwischen Rhein und Donau

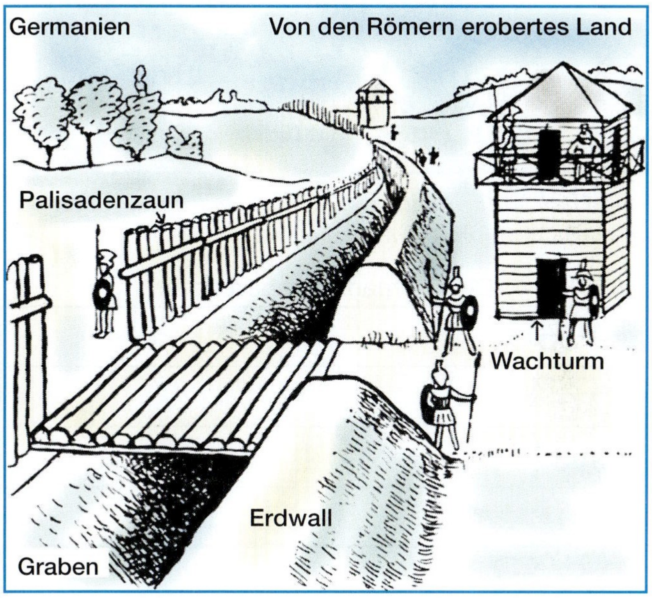

(1) Betrachte die Zeichnung und beschreibe den Grenzwall.

____

____

____

____

____

____

____

____

____

____

____

Befestigte Grenzen zwischen dem römischen Reich und Germanen

(2) In der Karte findest du Namen von befestigten römischen Heerlagern, die Kastelle genannt wurden. Daraus entstanden später Städte. Ordne die deutschen Städtenamen den lateinischen Namen zu:

Augsburg, Basel, Bonn, Koblenz, Köln, Mainz, Passau, Regensburg, Trier, Xanten.

Castra Vetera ______________________

Colonia Agrippina ______________________

Bonna ______________________

Confluentes ______________________

Mogontiacum ______________________

Augusta Treverorum ______________________

Basilea ______________________

Castra Regina ______________________

Castra Batava ______________________

Augusta Vindelicorum ______________________

(3) Römer oder Germanen? Setze jeweils „Römer“ oder „Germanen“ ein.

Unter Kaiser Augustus wollten die ______________ Germanien erobern. Die ______________ besiegten die ______________ im Teutoburger Wald. Da zogen sich die ______________ bis zum Rhein und zur Donau zurück. Zum Schutz gegen die ______________ bauten die ______________ einen Grenzwall. Aus den Kastellen der ______________ entstanden die ersten deutschen Städte.

Die Germanen lernen von den Römern

Fast 200 Jahre lang lebten Römer und Germanen friedlich miteinander. Germanische Bauern durften sich im römischen Grenzgebiet ansiedeln, einige dienten sogar im römischen Heer. Römer und Germanen lernten sich besser kennen und tauschten viele Güter aus.

Tauschhandel am Grenzwall. Römische Soldaten und ihre Frauen kaufen oder tauschen Waren mit den Germanen.

(1) Betrachte das Bild und berichte.

(2) Schreibe in die Tabelle die Namen einiger Güter, die Germanen und Römer tauschten.

Bernstein – feine Stoffe – Felle – Frauenhaar – Gänsefedern – Glaswaren – Goldschmuck – Honig – Speiseöl – Wein

Die Römer lieferten:	Die Germanen gaben dafür:

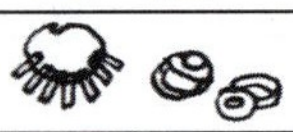	

Köln, die große Römerstadt am Rhein

In der Römerstadt mit den gepflasterten Straßen und steinernen Häusern und den vielen Läden und Werkstätten lernten die Germanen vieles kennen, was ihnen bisher unbekannt war. Mit den neuen Erzeugnissen übernahmen die Germanen auch die römischen (lateinischen) Namen. Darum verraten uns heute noch diese Namen, was die Germanen von den Römern gelernt haben.

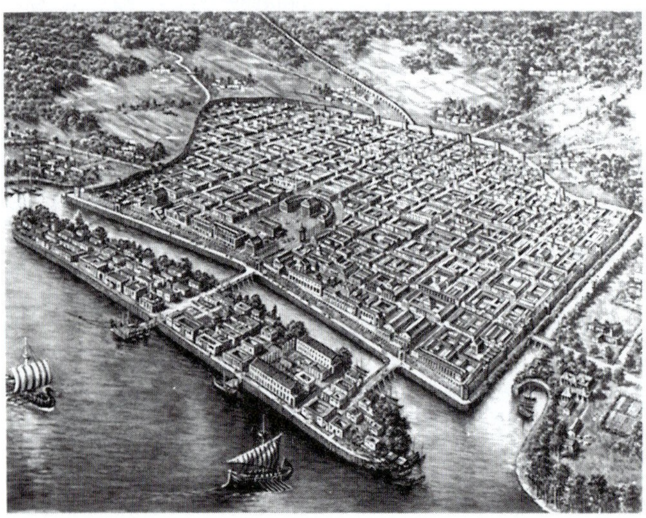

Köln zur Römerzeit (Modell)

(3) Am Modell der Stadt Köln zur Römerzeit ist erkennbar, wie die Römer ihre Straßenführung anlegten. Schreibe auf, was du herausgefunden hast.

____

____

Beispiele für übernommene Namen

(4) Schneide die Abbildungen auf dem Ausschneidebogen aus und ordne sie den lateinischen Namen zu.

Tabula	Vinum	Cista
Porta	Murus	Carrus

(5) Ordne die deutschen Wörter zu (Lehnwörter).

Verwende: Fenster – Straße – Familie – Pflaume – Münze

familia – die ______________________

fenestra – das ______________________

moneta – die ______________________

prunum – die ______________________

strata – die ______________________

Die große Wanderung der germanischen Volksstämme

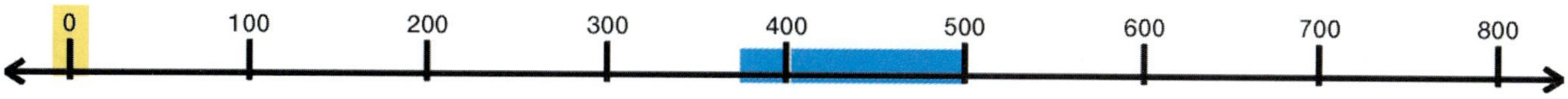

Schon seit der Eisenzeit (etwa 500 v. Chr.) waren die Germanen ständig auf der Wanderung nach Süden. Sie mussten sich neue Wohnsitze suchen, weil ihnen ihre alte Heimat zu wenig Nahrung und Lebensraum bot. Als um die Zeit um Christi Geburt die Römer ihre Grenzen bis an Rhein, Main und Donau vorgeschoben hatten, konnten die germanischen Stämme zunächst nicht weiter nach Süden wandern. Aber schließlich wurden die römischen Grenzbefestigungen doch durchbrochen, und viele germanische Volksstämme gerieten wieder in Bewegung. Als dann im Jahre 375 n. Chr. aus dem Osten das kriegerische Reitervolk der Hunnen in Europa einfiel, begann die eigentliche große **Völkerwanderung**.

Hunnische Reiter

Die Wanderzüge der germanischen Volksstämme

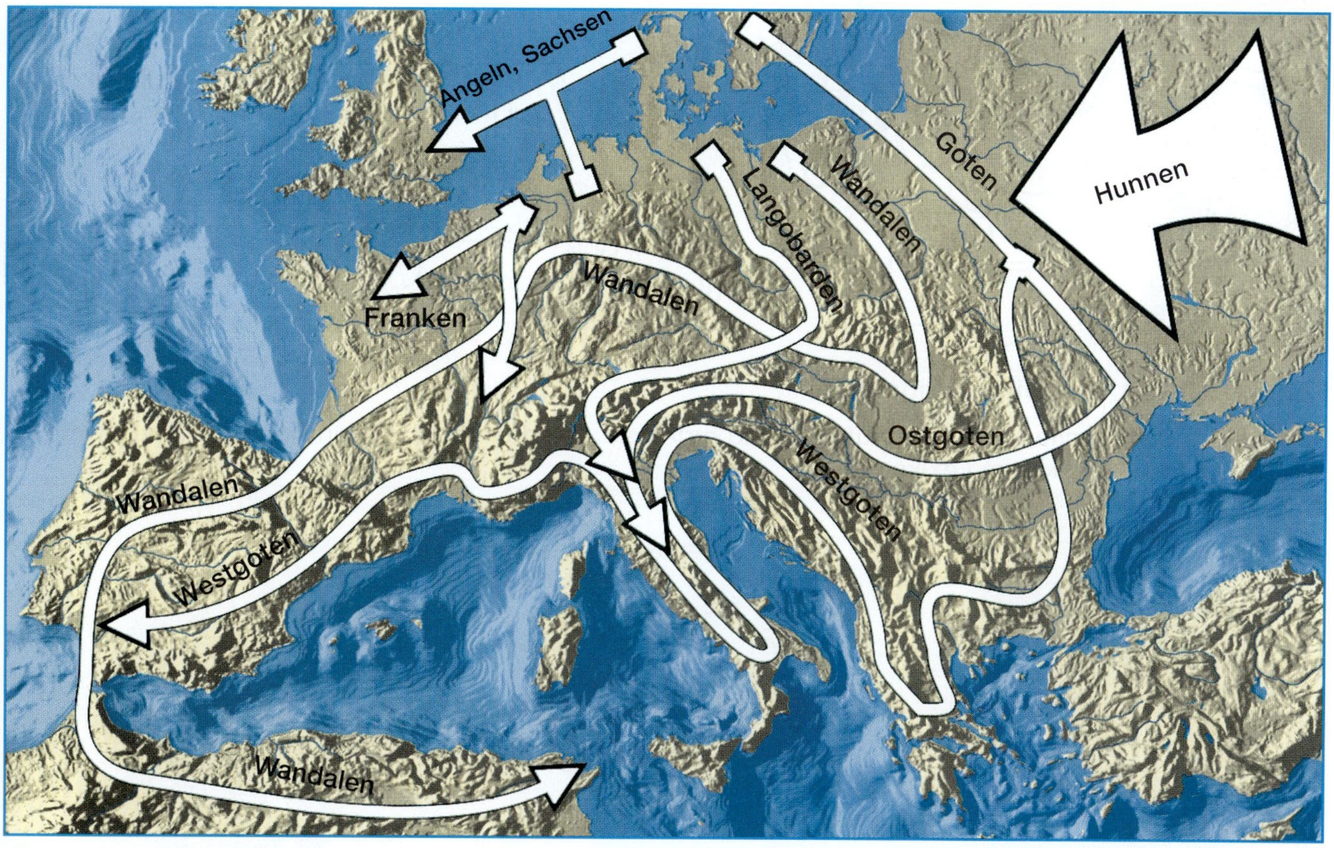

① Auf der Karte findest du die Wanderwege der bekanntesten germanischen Stämme. Male diese Wege bunt aus. Benutze für jeden Stamm eine andere Farbe.

② Beschreibe den Weg dieser germanischen Völker. Fülle dazu die Lücken der unten stehenden Sätze aus. Trage neben Anfang und Ende des Wanderzuges wichtige Punkte des Weges (Gebirge – Länder – Meere) ein, die im Wanderweg besonders gekennzeichnet sind. Als Hilfe sind die Lückenwörter auf Seite 14 angegeben. Nimm zu dieser Aufgabe auch den Atlas zu Hilfe.

1. **Die Westgoten** zogen von Südschw________ durch Westrussland über Grie________________ nach I______________. Von hier aus führte der Weg durch Frank____________, über die Pyre____________ nach Sp____________.

2. **Die Ostgoten** zogen von Südschw________ zum Schwarzen ____________. Dann wanderten sie über die Do____________ nach I____________.

Die große Wanderung der germanischen Volksstämme (Fortsetzung)

3. **Die Wandalen** wanderten von der Od_______ nach Un_________, weiter über den Rh_________, durch Fr___________________ und gelangten nach Sp______________. Dann überquerten sie die Straße von Gibraltar und erreichten Nordaf______________.

4. **Die Langobarden** zogen von der El_____ über die Al_______ nach Nordi____________.

5. **Die Angeln und Sachsen** verließen ihre Heimat in Norddeutschland und Dän___________ überquerten die Nords_______ und ließen sich in En______________ nieder.

6. **Die Franken** zogen vom Mittelrhein nach Nordfr_____________________.

Germanischer Stamm auf der Wanderung

Lückenwörter: Alpen, Dänemark, Donau, Elbe, England, Frankreich, Frankreich, Griechenland, Italien, Italien, Nordafrika, Nordfrankreich, Norditalien, Nordsee, Oder, Pyrenäen, Rhein, Schwarzes Meer, Spanien, Spanien, Südschweden, Südschweden, Ungarn

Könige zur Zeit der Völkerwanderung

③ Lies die Textkärtchen zu dieser Aufgabe und ordne sie den drei abgebildeten Herrschern zu. Wenn du Zweifel hast, schlage im Lexikon nach.

Alarich

Theoderich

Attila

Das Römische Weltreich zerbricht

Seit 395 n. Chr. war das Römerreich in eine westliche und eine östliche Hälfte geteilt. Es gab zwei Kaiser und zwei Hauptstädte: Rom und Konstantinopel. Das Oströmische Reich blieb noch fast 1000 Jahre bestehen. Das Weströmische Reich wurde im 5. Jahrhundert fast ganz von germanischen Stämmen besetzt.

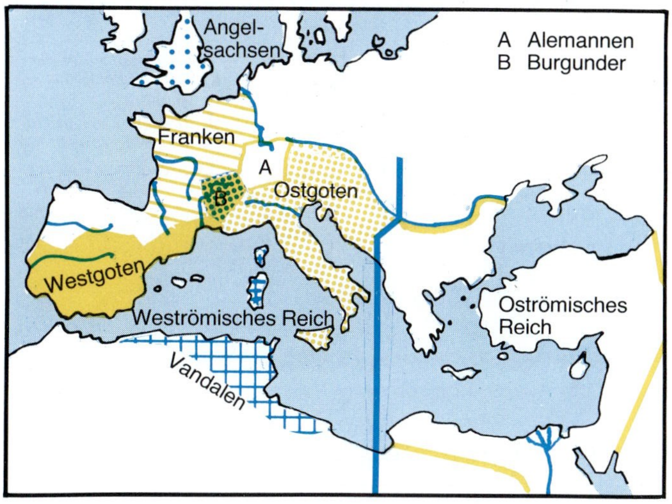

Das Römerreich zur Zeit Theoderichs

① Bestimme mithilfe des Atlasses, wo die beiden Hauptstädte liegen. Kennzeichne sie mit einem kleinen roten Kreis.

② Schreibe die Namen der germanischen Völker auf, die um 500 n. Chr. im Weströmischen Reich siedelten.

Theoderich regiert über Germanen und Römer

Der Ostgotenkönig Theoderich wollte Germanen und Römer in einem Reich vereinigen. Weil er Römer und Germanen so leben ließ, wie sie es gewohnt waren, herrschte Frieden zwischen ihnen.

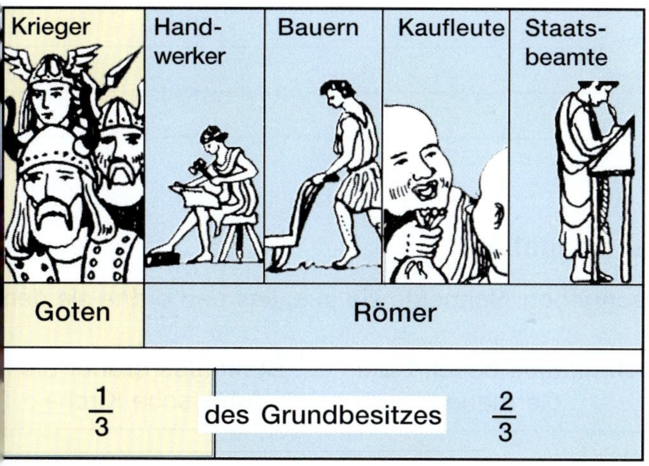

③ Wie Theoderich das Land aufteilte und welche Aufgaben er Germanen und Römern zuwies, zeigt die oben stehende Zeichnung. Deute die Zeichnung und schreibe auf.

Das Grabmal Theoderichs in Ravenna.

Goten und Vandalen kamen auf ihrer Wanderung auch nach Italien und eroberten Rom. Sie plünderten Rom.
Diese germanischen Reiche im Mittelmeerraum sind bald wieder zerfallen. Die Germanen vermischten sich mit den Bewohnern der eroberten Länder.

Die Germanen werden Christen

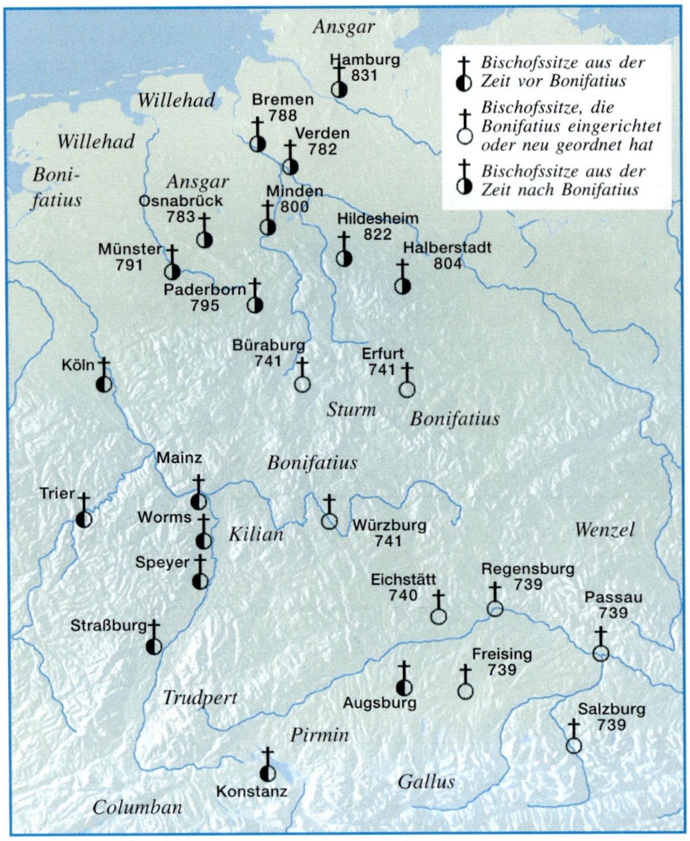

Mönche aus Irland und Schottland predigten bei den Germanen.

Viele germanische Stämme legten während der Völkerwanderung gewaltige Strecken zurück und entfernten sich so immer mehr von ihrem ursprünglichen Siedlungsgebiet. Diese Trennung war auch ein Grund dafür, dass die germanischen Reiche um das Mittelmeer so bald zerfielen. Es konnte kein Nachwuchs kommen. Dagegen blieben die Franken in ihrer ursprünglichen Heimat sesshaft. Von hier aus erweiterten sie nach und nach ihr Reich.

Als um das Jahr 500 n. Chr. der Frankenkönig Chlodwig zum Christentum übertrat, ließen sich auch seine Untertanen taufen. Da viele dem Namen nach Christen waren, aber in ihren Lebensgewohnheiten Heiden blieben, kamen zahlreiche Mönche aus Irland und Schottland, um das wahre Christentum zu predigen.

Auch die meisten Germanenstämme östlich des Rheins glaubten noch zu Beginn des 8. Jahrhunderts an ihre heidnischen Götter.

(2) Suche in der Karte die Namen der Missionare, die bei den Germanen den christlichen Glauben verkündeten.

____

____

____

____

____

____

(1) Welche Missionare wirkten in deiner Heimat?

____

____

____

Der bedeutendste Missionar bei den Germanen war Bonifatius

(3) Das Leben des Bonifatius ist auf 3 Textkärtchen beschrieben. Schneide sie aus, lies und ordne sie den Überschriften zu!

Woher stammt Bonifatius?	Bonifatius bekehrt die Germanen	Bonifatius ordnet die fränkische Kirche

(4) Suche aus der Karte Bischofssitze heraus, die Bonifatius eingerichtet oder neu geordnet hat:

____

____

Bonifatius stirbt als Märtyrer

Im hohen Alter von 70 Jahren versuchte Bonifatius noch einmal, die Friesen zu bekehren. Was sich auf dieser Missionsreise ereignete, ist uns auf einer Buchmalerei von 875 n. Chr. überliefert.

(1) Das Bild besteht aus zwei Teilen. Schreibe auf, was du den Bildteilen entnehmen kannst.

Bonifatius tauft neu bekehrte Christen – und erleidet den Märtyrertod

Begriffe aus dem Bereich der Kirche

Die Texte erklären folgende Begriffe:

Bischof | Kloster | Märtyrer | Missionar | Mönch | Papst | Pfarrer

(2) Ordne sie richtig zu. Nimm ein Lexikon zur Hilfe.

	Glaubensbote, bekehrt Menschen zum Christentum.
	Menschen, die für ihren Glauben sterben.
	Geistlicher, der in einem Kloster lebt.
	Gebäude, in denen Mönche leben.
	Leiter eines Bistums.
	Priester, der einer Kirchengemeinde vorsteht.
	Oberhaupt der katholischen Kirche, wohnt in Rom (Vatikan).

Der Islam – eine neue Weltreligion

Mohammed verkündet den Islam

Mohammed war der Sohn einer Händlerfamilie in Mekka, einer alten arabischen Handelsstadt. Als Leiter einer Handelskarawane kam er auf seinen langen Reisen auch mit Juden und Christen zusammen. Von diesen lernte er, dass sie an einen einzigen Gott glauben.
Mohammed dachte oft darüber nach, warum in seinem Volk viele **Naturgötter** verehrt wurden und Juden und Christen nur einen Gott anbeteten. Nach der Legende erschien dem Mohammed eines Tages der Erzengel Gabriel und befahl ihm, den wahren Glauben zu verkünden. Er verkündete, was Gott ihm durch den Engel aufgetragen hatte:

"Es gibt keinen Gott außer Allah. Er ist der Lebendige und der Beständige. Alles, was im Himmel und auf Erden ist, gehört ihm. Gott ist der Freund aller, die glauben. Seid gut zu euren Eltern, seid ehrerbietig gegen sie, auch wenn sie alt und schwach sind. Alle Gläubigen sind Brüder, haltet Frieden und fürchtet Gott..."

Was Mohammed auf diese Weise offenbart wurde und was er predigte, haben seine Anhänger später niedergeschrieben. So entstand der **Koran,** der für die Moslems das "Wort Gottes" enthält.
Die neue Lehre wurde **Islam** genannt, d.h. "Hingabe an Gott".

(1) Ergänze den folgenden Lückentext.

Mohammed lebte in ____________ , einer alten Handelsstadt in der arabischen Wüste. Auf seinen Reisen kam er mit ____________ und ____________ zusammen. Von ihnen lernte er, dass sie nur an einen ____________ glaubten und nicht viele ____________ verehrten. Nach der Legende erschien der ________________________ Mohammed. Er beauftragte ihn, den ________________________ zu verkünden.
Was Mohammed offenbart wurde und was er lehrte, haben seine Anhänger im ____________ aufgeschrieben. Seine Lehre wurde ____________ genannt.

(2) Unterstreiche, was Mohammed über den Glauben an den einen Gott aussagte.

(3) Unterstreiche andersfarbig, was Mohammed über die Gläubigen aussagte.

Mekka wird Mittelpunkt des Islam

Als Mohammed in Mekka predigte: "Es gibt nur einen Gott, Allah, und Mohammed ist sein Prophet", verlachte ihn das Volk und verfolgte ihn sogar. Mohammed floh deshalb im Jahre 622 und gründete in **Medina** eine Gemeinde treuer Anhänger. Er war dort nicht nur der religiöse Führer, sondern wurde auch Oberhaupt der Stadt.
Mithilfe seiner Anhänger eroberte er 630 Mekka und erklärte Mekka zur heiligen Stadt. Das alte heidnische Heiligtum, die Kaaba, ließ er bestehen. Er erklärte, Gott habe den schwarzen Stein auf die Erde geworfen als Zeichen seines Bundes mit den Menschen.
Es gelang Mohammed in wenigen Jahren, alle arabischen Stämme unter seiner Herrschaft und unter einem Glauben, dem Islam, zu vereinigen.

Die Kaaba, Heiligtum des Islams in Mekka

Das nebenstehende Bild zeigt den Einzug des Propheten Mohammed in eine eroberte Stadt. Es stammt von einem arabischen Künstler aus der damaligen Zeit.

(4) Betrachte das Bild. Von wem wird Mohammed beschützt ? Wie verhalten sich die Stadtbewohner beim Einzug des Propheten ?

Der Koran bestimmt das Leben der gläubigen Moslems

Die "fünf Pfeiler des Islam"

Mohammed hat eine Anzahl von Regeln vorgeschrieben, an die sich jeder gläubige Moslem halten muss. Diese Forderungen nennt man die "fünf Pfeiler des Islam": Glaubensbekenntnis, Gebet, Fasten, Almosen, Pilgerfahrt.

1. Diese Regeln sind auf Textkärtchen erklärt. Lies die Texte, schneide die Kärtchen aus und klebe sie in die vorgegebenen Felder.
2. Vergleiche die Regeln für Moslems mit den religiösen Pflichten für Christen.
3. Erkundige dich bei moslemischen Mitschülern nach dem Fastenmonat Ramadan und berichte darüber.
4. Viele gläubige Moslems arbeiten und leben in der Bundesrepublik Deutschland. Welche Forderungen sind für sie besonders schwer zu erfüllen ?

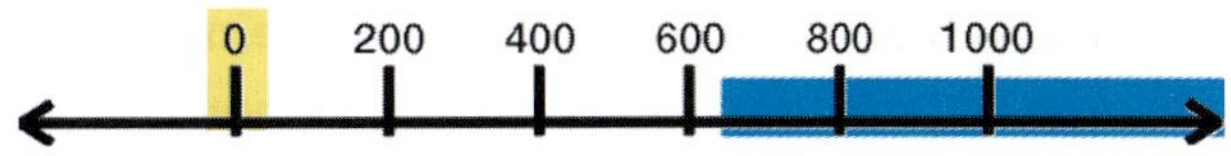

Glaubensbekenntnis:

Gebet:

Fasten:

Almosen:

Pilgerfahrt:

Betende Muslime

Über das Gebet heißt es im Koran: 4. Sure:

"Das Gebet ist für die Gläubigen eine Vorschrift, die für ganz bestimmte Zeiten festgesetzt ist."
1. Gebet vor Tagesanbruch
2. Gebet kurz nach Mittag
3. Gebet am Spätnachmittag
4. Gebet nach Sonnenuntergang
5. Gebet am späten Abend
Die Kleidung beim Gebet muss den Körper verhüllen. Zum Beten soll ein reiner Platz genommen werden, z. B. ein Teppich. Man muss sich auf diesem Platz mit dem Gesicht nach Mekka vorbeugen und niederwerfen.
*Am Freitag kommen alle zur Mittagszeit in das **Bethaus, die Moschee**.*

Die Rolle der Frau im Islam

Der Koran enthält auch viele Regeln über das normale Leben der Moslems, z. B. über die Rolle der Frau.
Im Normalfall heiratet der Moslem **eine** Frau. Wer reich genug ist, mehrere Frauen und viele Kinder zu versorgen, kann bis zu vier Frauen heiraten. Von ihm wird verlangt, alle Frauen gleich zu behandeln.
Von der Lehre des Propheten Mohammed wurden im Mittelalter die **Pflichten** der Frau abgeleitet.
Nach der Lehre des Propheten Mohammed wurden die Pflichten der Frau so abgeleitet:

"Die Frau soll im Haus bleiben und an ihrem Spinnrad sitzen. Sie soll das Haus nur mit Erlaubnis ihres Mannes verlassen. Wenn die Frau ausgeht, soll sie abgetragene Kleider anziehen und nicht über Hauptstraßen und Märkte gehen. Sie soll darauf achten, dass kein Fremder ihre Stimme hört oder sie erkennt. Wenn der Mann nicht zu Hause ist und ein Freund des Mannes kommt zu Besuch, soll sie kein Gespräch mit ihm führen..."

5. Erkundige dich bei moslemischen Mitschülern, ob die strengen Regeln bei moslemischen Frauen heute noch gelten.
6. Einige islamische Länder versuchen in unserer Zeit wieder zu den strengen Regeln zurückzukehren. Die Frauen müssen wieder den Schleier tragen. Nenne ein solches Land.
7. Versuche herauszufinden, warum manche moslemische Schülerinnen in deutschen Schulen
   a) während des Unterrichts Kopftücher tragen
   b) nicht an gemeinsamen Klassenfahrten teilnehmen dürfen.
8. Welche Rechte sollten nach deiner Meinung moslemische Frauen und Mädchen haben?

Die Ausbreitung des Islam

Im Heiligen Krieg schufen die Araber ein großes Reich

Der Koran schrieb den Moslems vor, gegen die Ungläubigen – die sich nicht zum islamischen Glauben bekannten – Krieg zu führen und so den Islam auszubreiten.
Die Kalifen, die Nachfolger Mohammeds, sammelten die arabischen Reiterstämme der Wüste und eroberten mit ihnen viele Länder.
Nach der Eroberung eines Landes bildeten die Araber die Regierung, sie übernahmen jedoch die Verwaltung und die Beamten des jeweiligen Landes. In den eroberten Ländern traten die Besiegten häufig zum Islam über. Der Übertritt war einfach, die Lehre des Islam leicht verständlich.
In weniger als einhundert Jahren errichteten die Araber ein Weltreich. Es reichte im Osten bis an die Grenze Indiens und erstreckte sich über Nordafrika bis nach Spanien und Portugal.
Im Jahre 732 besiegte der Frankenherrscher Karl Martell ein arabisches Heer in Frankreich (bei Tours und Poitiers) und verhinderte dadurch das weitere Vordringen des Islam nach Europa.

(1) Lies den Auszug aus dem Koran über den "Heiligen Krieg". Nenne Gründe, warum die Moslems so todesmutig kämpften.

Aus dem Koran:

"Es ist euch vorgeschrieben, gegen die Ungläubigen zu kämpfen, auch wenn es euch zuwider ist. Wer glaubt und ausgezogen ist, um für Gott Krieg zu führen, darf auf die Barmherzigkeit Gottes hoffen. ...
Und wenn einer um Gottes Willen kämpft, und er wird getötet, werden wir ihm im Jenseits gewaltigen Lohn geben und ihn ins Paradies führen. ...
Das Paradies, das den Gottesfürchtigen versprochen ist, sieht so aus: In ihm sind Bäche mit gutem Wasser, andere mit ewig frischer Milch, andere mit wohl schmeckendem Wein und wieder andere mit reinem Honig. Ihr habt dort Gutes und Barmherziges von Gott zu erwarten. ..."

Die Alhambra - ein Zeugnis arabischer Baukunst

Der Löwenhof in der Feste Alhambra oberhalb von Granada.

Die Araber haben in Spanien große Festungen und viele Paläste und Moscheen gebaut. Der Palast in Granada gehört zu den Perlen arabischer Baukunst.
Nach dem roten Mauerwerk gab man ihm den Namen Alhambra, das heißt die Rote. Das nebenstehende Bild zeigt den Innenhof der Alhambra, er ist nach den Löwen unter dem Brunnen Löwenhof genannt.
Wegen seiner orientalischen, prachtvollen Baugestaltung und Ausschmückung gleicht er einem Märchenpalast.

Was wir von den Arabern gelernt haben

Die im Islam vereinigten Völker entwickelten eine hohe Kultur, von der die Europäer vor allem auf dem Gebiet der Mathematik, der Heilkunde, der Metalltechnik und des Kunsthandwerks viel gelernt haben. So wurden z. B. übernommen: – das Zehnersystem und die arabischen Ziffern, die Papierherstellung, Baumwolle, die Windmühle, das Teppichknüpfen, Gewürze, Obst- und Blumensorten. In unser Sprache gibt es viele Wörter, die wir von den Arabern übernommen haben (Lehnwörter). Einige findest du in der folgenden Zusammenstellung.

Basar – Baldachin – Bluse – Bohne – Diwan – Ingwer – Kaffee – Kuppel – Maske – Massage – Razzia – Reis – Sirup – Sofa – Spargel – Tasse – Teppich – Ziffern – Zucker

(2) Schlage im Lexikon nach und suche die Erklärung für Begriffe, die dir unbekannt sind.

(3) Ordne die Lehnwörter den Sammelbegriffen zu

1) Früchte/Getränke: ______

2) Gewürze/Gemüse: ______

3) Kleidung: ______

4) Weitere Lehnwörter: ______

Karl der Große gründet ein großes Reich

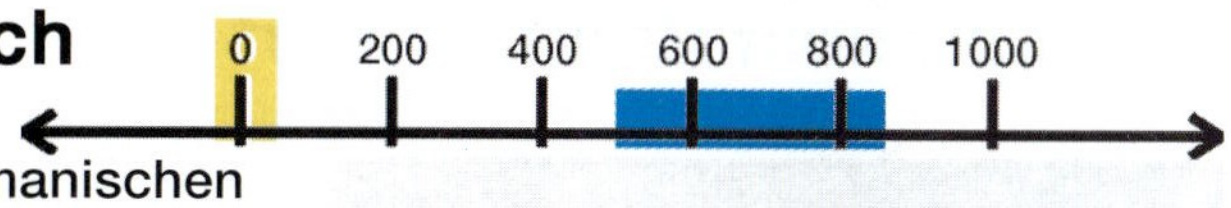

Der Frankenkönig Chlodwig hatte die benachbarten germanischen Stämme überfallen und so das Frankenreich vergrößert. Als Karl im Jahre 768 König der Franken wurde, gehörten schon folgende Gebiete zum Frankenreich: das heutige Frankreich, Belgien, Holland, die Gebiete an Rhein, Main und Mosel und das heutige Württemberg und Thüringen.

Während seiner Regierungszeit (768–814) vergrößerte Karl durch viele Kriege das Frankenreich zu einem **christlichen Weltreich.** Zum Schutz des Reiches gründete Karl **Grenzmarken.** An der Spitze der Grenzmark stand ein Markgraf. Alle Männer, die in einer Grenzmark wohnten, mussten zu jeder Zeit bereit sein, das Reich mit ihren Waffen zu verteidigen.

(1) Schreibe auf, wie viel Kriegszüge Karl führte! Du kannst die Anzahl in der Karte in den Kreisen finden, z. B. Dänen 3.

Karls Kriegszüge:

◯ mal gegen die Sachsen

◯ ____________________

◯ ____________________

◯ ____________________

◯ ____________________

◯ ____________________

◯ ____________________

◯ ____________________

(2) Ziehe die Grenzlinien des Frankenreiches in der Karte rot nach.

(3) Male in der Karte die Grenzmarken gelb aus!

(4) Versuche zu erklären, warum Karl gerade hier Grenzmarken gründete.

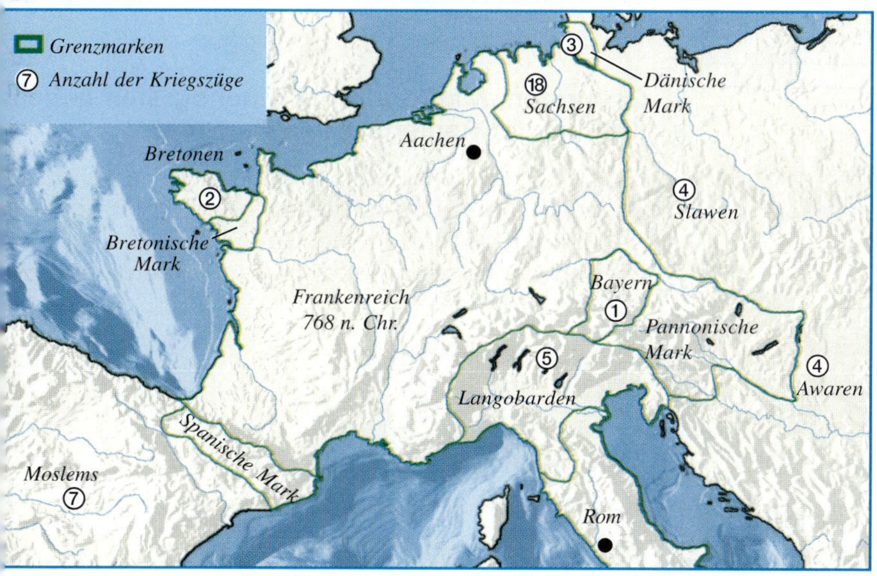

Das Frankenreich unter Karl dem Großen

(5) Was mussten die Krieger auf Karls Befehl für den Feldzug mitbringen?

____

____

____

____

____

Reiterstatue Karls des Großen

Wie Karl einen Kriegszug vorbereitete

Karl hatte kein Berufsheer. Wenn er einen Kriegszug vorhatte, mussten die Adeligen, Bischöfe und Äbte ihm Truppen stellen. Was Karl verlangte, erfährst du aus einer Nachricht an den Abt Fulrad:

"... Deshalb befehlen wir dir, dich am 17. Juni am genannten Ort mit all deinen wohl bewaffneten und ausgerüsteten Leuten einzufinden. Von hier aus ist, wohin dich auch unser Befehl schicken mag, eine militärische Unternehmung durchzuführen. Jeder Reiter soll Schild, Lanze, Schwert und Halbschwert haben, dazu Bogen und Köcher mit Pfeilen. Eure Packwagen sollen Vorräte aller Art mitführen: Hacken und Äxte, Spaten, Beile, Bohrer, Brecheisen und alle anderen Werkzeuge, die man bei einem Feldzug braucht. Die Lebensmittel müssen von der Versammlung ab für 3 Monate reichen, Waffen und Bekleidung für ein halbes Jahr."

Wie Karl sein Reich regiert

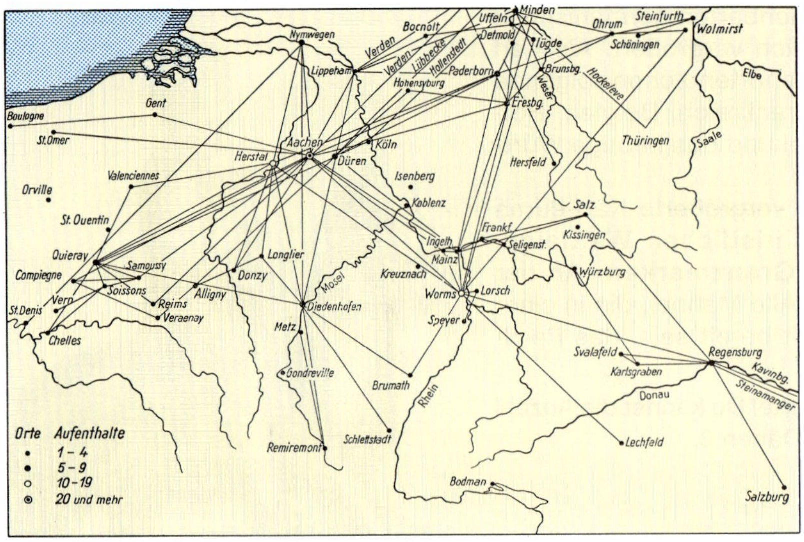

Karl regierte von seinen Pfalzen aus

Karl der Große war in seinem Reich Oberster Richter, Heerführer und Kirchenherr. Er hielt sein weiträumiges Reich in guter Ordnung und gab Gesetze, die zum Wohle aller dienen sollten.

In seinem Reich gab es keine Hauptstadt. Unermüdlich ritt er durch das Land und sah überall nach dem Rechten. Bei seinen Reisen regierte er von den königlichen Gutshöfen aus, die über das ganze Land verteilt waren. Diese Königshöfe hießen Pfalzen. Die Karte zeigt Karls Reisen und seine Aufenthaltsorte.

1. Welche Bedeutung hatten die Königshöfe bei der Verwaltung des großen Reiches?
2. Was sagt die Legende aus?
3. Was kannst du nun der Karte entnehmen?

____

____

____

4. An welchem Ort hat sich Karl am häufigsten aufgehalten?

____

____

Königshalle Pfalzkapelle

Modell der Pfalz Karls des Großen in Aachen

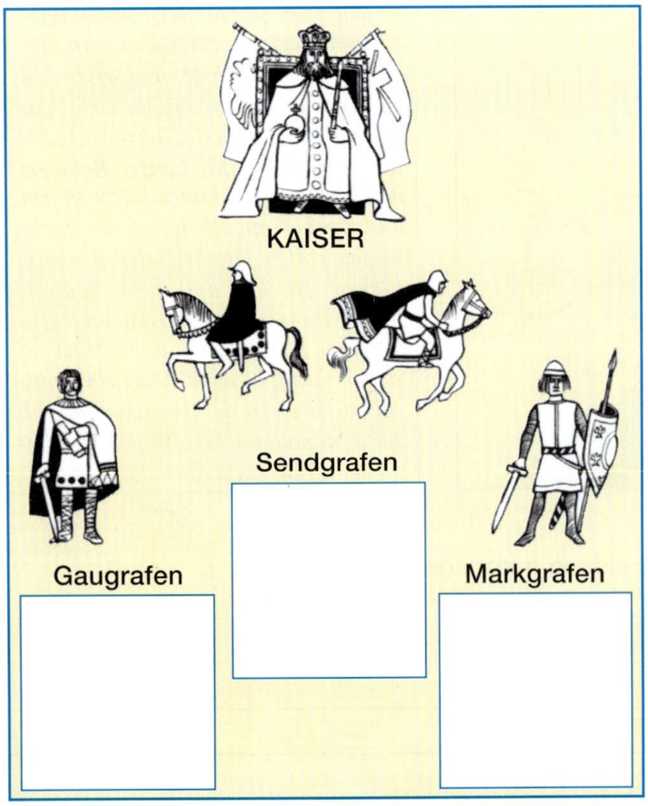

Gaugrafen, Markgrafen und Sendgrafen helfen Karl bei der Regierung des Reiches

5. Karl teilte sein Reich in 200 Gaue/Verwaltungsbezirke ein, um es besser regieren zu können. Welche Aufgaben die Gaugrafen, Markgrafen und Sendgrafen dabei hatten, beschreiben die Textkärtchen.
6. Fülle den Lückentext aus.

Wie Karl sein Reich regierte.

Karl war in seinem Reich oberster R________, H________________ und K__________________. Er regierte das große Reich von den P____________ aus. Seine Lieblingspfalz war A____________. Er teilte sein Reich in 200 G____________ ein. Gaugrafen und Sendgrafen sorgten für die Durchführung seiner Anordnungen.

Karl fördert Wirtschaft und Kultur

Die Schulen

Zur Zeit Karls des Großen konnten nur wenige Menschen lesen und schreiben. Alle Schriftstücke waren in lateinischer Sprache aufgeschrieben. Für die Verwaltung seines Reiches brauchte Karl aber viele Menschen, die seine Gesetze lesen und schreiben konnten. Darum gründete er zunächst in Aachen, später bei jeder Kathedrale und jedem Kloster eine Schule. Die Schulen bildeten Geistliche, Gelehrte und Beamte aus. Alle Schulen wurden von Mönchen geleitet. Diese waren auch die Lehrer. Karl selbst hat im hohen Alter noch angefangen, Lesen und Schreiben zu lernen.

(1) So unterschrieb Karl seine Gesetze und Urkunden. Karl heißt auf Lateinisch KAROLUS. Suche alle Buchstaben aus dem Zeichen heraus und schreibe sie in die Kästchen.

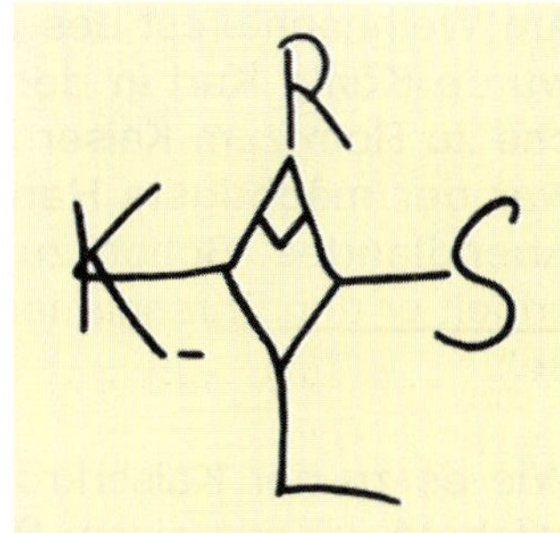

	A					

(2) Streiche in den folgenden Sätzen die falschen Aussagen durch.

Zur Zeit Karls des Großen konnten viele Menschen / wenige Menschen lesen.

Alle Schriftstücke waren in lateinischer / deutscher Sprache geschrieben.

Die erste Schule hat Karl in Aachen / Mainz gegründet.

Später gab es Schulen in jedem Ort / bei allen Kathedralen und Klöstern.

Die Schulen bildeten Bauern und Krieger/ Geistliche, Gelehrte und Beamte aus.

Förderung der Landwirtschaft

Karl der Große hatte auf seinen Reisen gesehen, dass die Bauern ihre Felder nicht zweckmäßig bebauten. Damit sie lernen konnten, erfolgreicher zu wirtschaften, ließ Karl im ganzen Reich Musterhöfe einrichten. In einem solchen Musterhof mussten alle Arten von Haustieren, auch Enten, Gänse und Bienen gehalten werden. Vor allem aber sollten die Bauern lernen, ihre Äcker so zu bearbeiten, dass größere Ernteerträge erzielt werden konnten.

Die Dreifelderwirtschaft ersetzt die Feld-Gras-Wirtschaft

(3) Beschreibe die Feld-Gras-Wirtschaft und die Dreifelderwirtschaft nach den Zeichnungen.

(4) Warum ließ man immer einen Teil des Ackers brachliegen? Denke daran, dass es noch keinen Kunstdünger gab.

(5) Bei welcher Wirtschaftsweise liefert der Acker höhere Erträge? Versuche deine Meinung zu begründen.

Feld-Gras-Wirtschaft

Acker	1. Jahr	Brache	Brache	2. Jahr	Acker

Dreifelderwirtschaft

1. Jahr			2. Jahr			3. Jahr		

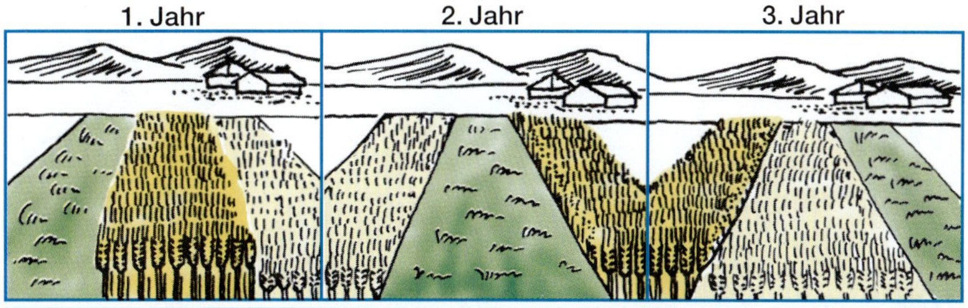

Brache	Sommerfrucht	Winterfrucht	Winterfrucht	Brache	Sommerfrucht	Sommerfrucht	Winterfrucht	Brache

König Karl wird in Rom zum Kaiser gekrönt

Am Weihnachtsfest des Jahres 800 wurde König Karl in der Peterskirche zu Rom zum Kaiser gekrönt. Er war der mächtigste Herrscher des Abendlandes. Schon zu Lebzeiten erhielt er den Ehrennamen „der Große“.

Wie es zu der Kaiserkrönung kam, erfahren wir aus einem Bericht, den der Schreiber Einhard niedergeschrieben hat. Einhard gehörte zum engsten Gefolge Karls und war sein Geheimschreiber.

Der Bericht Einhards:

„Karls letzte Reise wurde auch dadurch veranlasst, dass Papst Leo durch die vielen Misshandlungen, die er von seiten der Römer erlitten hatte, sich genötigt sah, den König um Schutz anzuflehen. Er kam also nach Rom, um die Kirche aus der überaus großen Zerrüttung zu reißen. Damals war es, dass er die Ernennung zum Kaiser und Augustus empfing; das war ihm erst so zuwider, dass er versicherte, er würde an jenem Tage die Kirche nicht betreten haben, wenn er des Papstes Absicht hätte vorher wissen können. Den Hass, der oströmischen Kaiser, die ihm die Annahme des Kaisertitels sehr verübelten, trug er mit großer Gelassenheit. Mit Hochsinnigkeit wusste er ihren Trotz zu besiegen, indem er häufig durch Gesandtschaften mit ihnen verkehrte und sie in seinen Briefen als Brüder anredete.“

(1) Lies den Bericht Einhards und beantworte folgende Fragen:

1. Warum reiste Karl nach Rom? ______________________________

____

____

2. Wie dachte er über die Kaiserkrönung durch den Papst? ______________________________

____

____

3. Wer verübelte Karl die Annahme des Kaisertitels? ______________________________

____

(2) Zeichne die Grenzen des fränkischen Reiches rot nach.

Das Frankenreich zerfällt

Nach dem Tode Karls des Großen im Jahr 814 verlor das Frankenreich schnell an Macht und Größe. Schon die drei Enkel des Kaisers stritten sich um das Erbe und teilten 843 das Reich unter sich auf.

(3) Auf dem Ausschneideblatt findest du die Teile des zerfallenen Frankenreichs. Klebe sie in die nebenstehende Skizze.

(4) Versuche herauszufinden, welche Staaten es heute auf dem Gebiet des Reiches Karls des Großen gibt.

Das Stammesherzogtum Sachsen erhält die Königswürde

Aus dem Reich Karls des Großen hatten sich um 900 das Westfrankenreich, etwa das heutige Frankreich und das Ostfrankenreich, aus dem später Deutschland entstanden ist, entwickelt. Im Ostfrankenreich gab es fünf Stammesherzogtümer. Zu dieser Zeit drangen wiederholt Reiterheere der Ungarn raubend und plündernd in das Ostfrankenreich ein. In dieser Notlage schlossen sich germanische Stammesherzogtümer zusammen und wählten den mächtigsten, den Sachsenherzog Heinrich zum König. Heinrich I. und sein Sohn Otto I. waren bemüht, die Landesgrenzen zu sichern. Nach vielen blutigen Kämpfen wurden die eingedrungenen Ungarn im Jahre 955 auf dem Lechfeld bei Augsburg endgültig zurückgeschlagen.

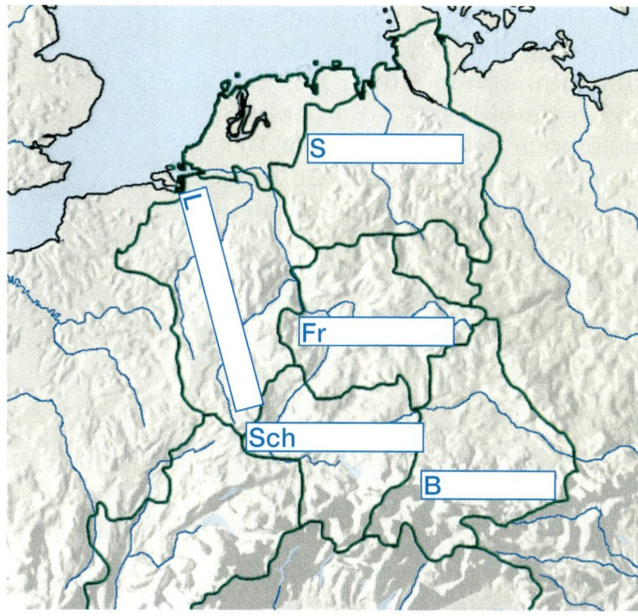

(1) Trage die Namen der fünf Stammesherzogtümer in die Karte ein: Lothringen, Franken, Sachsen, Schwaben, Bayern.

Was bedeutet die Königswürde?
Bei der Krönung in Aachen erhielt der König Otto I. die Zeichen seiner Königswürde.

(2) Schreibe in die leeren Kästchen, welche Herrschaftszeichen dargestellt sind. (Krönungsmantel, Reichsapfel, Zepter, Krone, Schwert)

	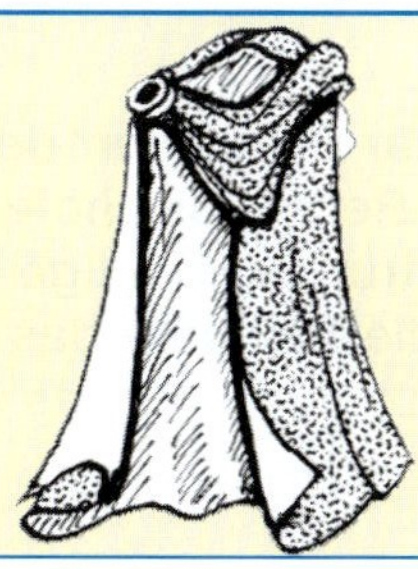			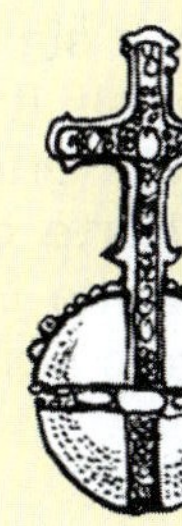

Im folgenden Text wird erklärt, welche Bedeutung die Herrschaftszeichen hatten.

(3) Schneide die Bilder auf dem Ausschneidebogen aus und ordne sie den entsprechenden Texten zu.

Der Reichsapfel ist Zeichen seiner weltlichen Herrschaft.	Er wird gesalbt und empfängt die Krone als Schutzherr der Christenheit.	Der König empfängt das Zepter als Zeichen seiner richterlichen Gewalt.	Als oberster Heerführer erhält der König das Schwert.	Der königliche Mantel ist Zeichen der christlichen Nächstenliebe.

(4) Wie hießen die drei Enkel Karls des Großen?

a) ______________________ b) ______________________ c) ______________________

Otto I. – Deutscher König und Römischer Kaiser

Der Herzog Otto von Sachsen wurde im Jahre 936 als Otto I. zum deutschen König gekrönt und regierte bis 973. Es gab damals noch keine Hauptstadt. Der König zog mit seinem Gefolge von Königshof zu Königshof und regierte so sein Reich.

Reiterstandbild Ottos I. in Magdeburg (Ausschnitt)

Der König war der oberste Richter in seinem Reich. Der "Gerichtsbann" war das oberste Gericht. An den Königshöfen hielt der König Gericht. Er konnte auch Richter ernennen, die während seiner Abwesenheit in seinem Namen Gericht hielten.

Otto I. war ein mächtiger König. Der Papst bat ihn um Hilfe, als italienische Fürsten den Kirchenstaat bedrohten. Otto I. zog mit einem Heer nach Rom und sicherte dem Papst den Kirchenstaat. Der Papst krönte im Jahre 962 den deutschen König Otto I. zum Kaiser des Römischen Reiches.

Otto I. war Schutzherr der Kirche. Er betrachtete es als sein Recht, Bischöfe einzusetzen. Den Bischöfen übertrug er wichtige weltliche Aufgaben. So erhielten die Bischöfe das Marktrecht, das Zollrecht, das Münzrecht und das Recht, Gericht zu halten.

(1) Lies die Texte noch einmal und beantworte dann folgende Fragen.

1. Wie hieß das Stammesherzogtum Ottos I. ? ______
2. In welcher Zeit regierte Otto I. ? ______
3. In welcher Weise regierte Otto I. sein Reich? ______

______

4. Wer war der oberste Richter im Königreich? ______
5. Wie hieß das höchste Gericht? ______
6. Wo hielt der König Gericht? ______
7. Warum bat der Papst König Otto I. um Hilfe? ______

______

______

8. Welchen Titel trug der deutsche König nach der Krönung durch den Papst? ______

______

9. Welche Rechte übte Otto I. als Schutzherr der Kirche aus? ______

______

10. Welche Rechte übertrug er den Bischöfen? ______

______

Kaiser und Papst im Streit

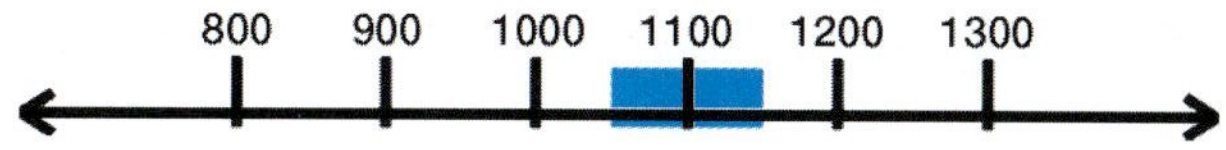

Der König setzt Bischöfe ein

Bis zur Mitte des 11. Jahrhunderts haben die deutschen Könige und Kaiser die Bischöfe eingesetzt. Sie sahen die Bistümer als ihren persönlichen Besitz an. Sie verliehen mit dem geistlichen Amt auch das Recht an die Bischöfe und Äbte, die weltliche Herrschaft über das Bistum auszuüben. Das Bild zeigt, wie Kaiser Otto II. Bischof Adalbert von Prag in sein Amt einsetzt.

(1) An welchen Herrschaftszeichen erkennst du den Kaiser?

____

(2) Was übergibt der Kaiser dem Bischof?

____

Papst Gregor VII. im Streit mit Kaiser Heinrich IV.

Im Jahr 1073 wurde der Mönch Hildebrand zum Papst gewählt. Er versuchte als Gregor VII. eine durchgreifende Reform der Kirche. Vor allem sollten Papst und Kirche vom Kaiser unabhängig sein. Gregor VII. stellte folgende Forderungen:

Allein der Papst kann Bischöfe einsetzen und wieder absetzen. Nur er verfügt über die kaiserlichen Herrschaftszeichen, d. h. nur der Papst kann den Kaiser krönen. Niemand besitzt die richterliche Gewalt über den Papst.

(3) Gegen wen richteten sich diese Forderungen? Sie richteten sich gegen ______________

(4) Ergänze folgenden Text. Verwende: Absetzung, Bannfluch, bannte, Bischöfe, Bußgang, Canossa, Gegenpapst, Gehorsam, Kirchenbann, Papstes

Kaiser Heinrich IV. setzte trotz der päpstlichen Forderung weiterhin eigenmächtig ______________ ein. Gregor VII. protestierte dagegen und verlangte unbedingten ______________. Heinrich verlangte die ______________ des Papstes. Gregor setzte den Kaiser ab und sprach den ______________ über ihn aus. Damit war der Streit zwischen Kaiser und Papst zu einem Machtkampf geworden. Ein Teil der deutschen Fürsten erkannte den Kaiser nicht mehr an. Aber Heinrich IV. wollte Kaiser bleiben. Deshalb unternahm er im Jahr 1077 einen ______________ nach Rom, um sich vom Bann zu befreien. In ______________ traf er den Papst, der den demütigen Kaiser vom ______________ befreite. Als Heinrich IV. nach Deutschland zurückgekehrt war, zwang er die deutschen Fürsten wieder zum Gehorsam. Er setzte gegen den Willen des ______________ weiterhin Bischöfe ein. Daraufhin ______________ der Papst ihn ein zweites Mal. Da setzte Heinrich IV. einen ______________ ein, zog mit einem Heer nach Rom und vertrieb Gregor VII.

Der Streit ist beendet

Unter Heinrich V. wurde der Streit beigelegt. Kaiser und Papst einigten sich im Wormser Konkordat 1122. Darin wurde vereinbart, welches Recht dem Kaiser und welches dem Papst zukam.

(5) Welches Zeichen überreicht der Kaiser und welches überreicht der Papst dem Bischof?

Der Papst überreicht dem Bischof ______________________________

Der Kaiser überreicht dem Bischof ______________________________

Die Ritter

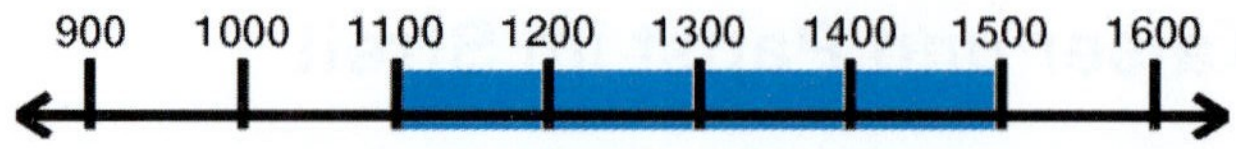

Ritterburgen

Burg Eltz an der Mosel

Burg Gemen im Münsterland

Burgen, die fast unzugänglich waren, zeugen noch heute von der Macht der Ritter im Mittelalter.

(1) Vervollständige den Lückentext. Verwende: einen breiten Wassergraben und hohe Mauern / schroffe Felsen und hohe Mauern

Höhenburgen waren vor feindlichen Angriffen gesichert durch ______________________

____

Burgen im Flachland waren gesichert durch ______________________

____

Der Ritterstand

Seit Karl dem Großen wurden Reiter für ihren Kriegsdienst mit einem Lehen (Grundbesitz) belohnt. Dieses Lehen wurde mit der Zeit Eigentum des Reiters. So wurden Reiter zu Grundherren. Sie nannten sich Ritter, herrschten über Höfe und Ortschaften und erhoben den Zehnt. Als Wohnsitz ließen sie sich im Frondienst (Arbeitsdienste, die die hörigen Bauern unentgeltlich für ihren Grundherrn verrichten mussten) mächtige Burgen erbauen. In den Burgen lagerten auch große Vorräte an Waffen und Lebensmitteln. Die Rittersöhne mussten auf fremden Burgen vom 7. bis zum 14. Lebensjahr als Page und vom 14. bis zum 21. Lebensjahr als Knappe dienen. Sie erlernten höfische Sitten, Schwimmen, Reiten, Jagen und den Gebrauch der Waffen. Beim Ritterschlag mussten sie schwören, dem König treu zu dienen, das Recht zu wahren, die Armen und Schwachen zu schützen, für die Ehre der Frauen einzutreten und das Christentum zu verteidigen.
Der Ritterstand war über Jahrhunderte der angesehenste und mächtigste Stand.

(2) Welchen Lohn erhielten viele Reiter für ihren Kriegsdienst? ______________________

(3) Wie nannten sich diese neuen Grundherren? ______________________

(4) Wodurch wurden viele Ritter reich? ______________________

(5) Wer musste beim Bau der Burgen für den Ritter arbeiten? ______________________

(6) Warum lagerten Vorräte an Waffen und Lebensmitteln in den Burgen? Was meinst du?

Aus Rittern werden Raubritter

(7) Der Glanz des Ritterstandes verblasste, weil sie nur das ______________________

______________________ . Zudem galt in den durch Handel und Gewerbe reich gewordenen Städten nicht mehr Acker und Vieh als Maßstab für Reichtum, ______________________ . Manche Ritter bemühten sich mit Erfolg, die Erträge ihrer Landwirtschaft zu steigern, ______________________

______________________ . Andere Ritter verarmten, als die Landesherren ______________________ . Viele Ritter wurden zu Raubrittern, die Angst und Schrecken verbreiteten, ______________________

______________________ .

... begannen sich Söldnerheere zu halten. ... um den Überschuss gegen Edelmetall zu verkaufen.... sondern der Besitz an Gold und Silber. ... weil sie Kaufmannszüge, andere Burgen, Dörfer und Klöster überfielen und ausplünderten. ... Kriegshandwerk und die Jagd erlernt hatten; ihre Burgen verfielen.

Kreuzzüge

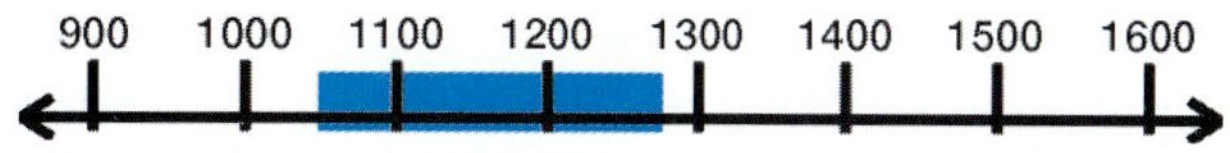

Um das Jahr 1070 eroberten die Seldschuken, ein türkisches Reitervolk, das von Arabern beherrschte Palästina. Sie verwehrten den Christen den Zugang zu den biblischen Stätten.

Da rief Papst Urban II. die Christen auf, die heiligen Stätten der Christenheit zu befreien. Der Glaubenseifer erfasste Zehntausende in Frankreich, Deutschland, Italien und England.

Viele suchten auf dem Landweg, andere auf dem Seeweg Palästina zu erreichen. Tausende kamen unterwegs um. Ein Heer mit vielen Rittern erreichte nach 3 Jahren Jerusalem und eroberte die Stadt. Sie errichteten das Königreich Jerusalem.

Trotz 7 großer Kreuzzüge konnten die Türken auf die Dauer nicht abgewehrt werden. Um 1290 haben die Türken Palästina zurückerobert.

(1) Suche auf dem nebenstehenden Kartenausschnitt Jerusalem. Male den Kreis rot aus und versuche dann, die Wegstrecke zu benennen, auf denen die Kreuzfahrer nach Palästina gelangten.

(2) Warum rief der Papst zum Kreuzzug auf?

(3) Aus welchen Ländern Europas kamen die Kreuzfahrer?

Das eigentliche Ziel der Kreuzzüge wurde von den Kreuzfahrern nicht erreicht. Dennoch hatten die Kreuzzüge große Auswirkungen auf Europa. Die Kreuzfahrer übernahmen viel von dem hohen Wissensstand der Araber in der Medizin, in der Mathematik und in der Astronomie. Sie übernahmen das arabische Ziffernsystem. Sie lernten, wie man Papier herstellte, wie man Windmühlen baute, wie man wertvollen Schmuck aus Gold und Silber fertigte. Sie lernten neue Stoffe (Samt und Seide), Gewürze, Blumen, Früchte und Musikinstrumente kennen. Es entwickelte sich mit den neuen Waren aus dem Orient ein lebhafter Handel. Venedig wurde Hauptumschlagplatz für den Orienthandel. Von dort gelangten viele Waren aus dem Orient auf dem Landweg über Innsbruck, Augsburg und Regensburg bis nach Lübeck und von dort auf dem Seeweg in die nordischen Länder. Fernhandelskaufleute brachten durch den Handel mit Waren aus dem Orient Reichtum in viele Städte.

(4) Unterstreiche, was die Europäer kennen lernten.

Dies sind Lehnwörter aus dem Arabischen:
Flieder – Jacke – Aprikose – Gitarre – Muskat – Jasmin – Laute – Zitrone – Trompete – Melone – Lilie – Kümmel – Orange – Pfeffer – Kittel – Zimt – Mütze – Mandoline – Turban

(5) Ordne die Lehnwörter folgenden Sachbereichen zu.

Musikinstrumente	Gewürze	Obstsorten	Bekleidung	Blumen

Die Bevölkerung wächst

Um das Jahr 900 lebten im Gebiet der heutigen Bundesrepublik Deutschland etwa 3 Millionen Menschen. Um das Jahr 1300 war die Bevölkerung auf 6 Millionen angewachsen.
Wie konnte die Ernährung für die so rasch anwachsende Bevölkerung gesichert werden?

(1) Im ersten Bild ist dargestellt, wie neues Acker- und Weideland gewonnen wird. Das zweite und dritte Bild zeigt das Ergebnis dieser Arbeiten. Berichte.

Neue Geräte und Arbeitsweisen steigern den Ertrag der Äcker.

(1) Betrachte das Bild A und ergänze den Lückentext.

So wurde bis etwa 900 der Acker für die Aussaat bearbeitet: Der Bauer pflügt mit einem ______________________. Er muss ständig den Pflug in das Erdreich ____________. Der Pflug wird von zwei ____________ gezogen. Die Zugleine verläuft über die ____________ der Zugtiere.

Verwende: Brust, drücken, Hakenpflug, Ochsen

(3) Betrachte das Bild B und ergänze den Lückentext.

Seit dem 10. Jahrhundert benutzen die Bauern den leistungsfähigeren ______________________. Die Pflugschar ist aus ____________. Sie dringt tiefer in das Erdreich ein als der hölzerne Haken des ______________________. So wird der Boden nicht nur ____________, sondern in Schollen ____________.
Als Gespann werden seit dieser Zeit vielfach ____________ benutzt. Ein neues Pferdegeschirr ist entwickelt worden. Ein gepolsterter Ring (Kummet) wird dem Pferd über die ____________ gelegt. So wird die ______________________ der Tiere gegenüber dem alten Geschirr verdreifacht.

Verwende: aufgerissen, Eisen, gewendet, Hakenpfluges, Pferde, Räderpflug, Schulter, Zugleistung

(4) Unterstreiche die Ortsnamen, die erkennen lassen, dass der Ort in einem Rodungsgebiet entstanden ist: Rodenkirchen, Rodenbach, Neureuth, Rodenwald, Osterrode, Bleicherode, Regensburg, Rodetal, Wernigerode, Rodenhausen, Bayreuth.

(5) Unterstreiche die Ortsnamen, die erkennen lassen, dass der Ort in einem trockengelegten Sumpfgebiet entstanden ist: Todtmoos, Moorhausen, Moosbach, Moosbrunn, Biebelried, Kolbermoor, Bruchsal, Grünwald, Walkenried, Sumpfohren.

Viele freie Bauern verarmen

Die Bauern konnten über ihren gesamten Besitz und über ihre Erzeugnisse frei verfügen. Ihre Freiheit war aber dadurch eingeschränkt, dass sie Kriegsdienst leisten mussten. Da es häufig kriegerische Auseinandersetzungen gab, konnten oft die Felder nicht richtig bestellt und abgeerntet werden. So verarmten nach und nach viele Bauernfamilien. Manche Bauernfamilien gerieten auch infolge der Erbteilung in größte wirtschaftliche Not. Es war nämlich in vielen Gegenden Sitte, dass nach dem Tod des Bauern das Land unter den Söhnen aufgeteilt wurde. Infolge dieser ständigen Teilungen reichte im Laufe der Zeit für viele Bauernfamilien das Land für den eigenen Lebensunterhalt nicht mehr aus.

Aus freien Bauern werden abhängige (hörige) Bauern.

(1) Lies die Textabschnitte 1 bis 6.

(2) Lies dann die Fragen und ordne den Fragen die entsprechenden Antworten auf den Ausschneidekarten zu.

1. Für die vielen Bauern, die verarmt waren, blieb als Ausweg nur der Weg in die Hörigkeit, um überleben zu können.

   Als Leibeigene mussten sie keinen Kriegsdienst leisten. Diese Pflicht übernahm der Grundherr; er unterhielt Kriegsknechte.
2. Mit dem Übergang in die Leibeigenschaft gehörte nicht nur aller Besitz des Bauern, sondern auch der Bauer selbst und die ganze Familie zum Eigentum des Grundherrn. Die Familie musste Frondienste leisten.
3. Der Grundherr überließ dem hörigen Bauern ein Stück seines bisherigen Ackers. So konnte sich der hörige Bauer den Lebensunterhalt für seine Familie selbst erwirtschaften. Der Grundherr forderte aber dafür den Zehnten.
4. In Kriegszeiten bot der Grundherr seinen hörigen Bauern und deren Familien Schutz.
5. Der Grundherr hatte das Recht, den erwachsenen Söhnen oder Töchtern seiner Hörigen einen Umzug oder eine Heirat zu erlauben oder zu verbieten.
6. Die Grundherren hatten in ihrer Burg oder auf ihrem Gutshof Vorräte an Lebensmitteln. Diese waren für Notzeiten im Krieg oder nach Dürreperioden vorgesehen.

Was musste der verarmte Bauer tun, um von seinen Schulden und vom Kriegsdienst befreit zu werden?	
Was bedeutet die Zehntabgabe?	
Was bedeutet Schutz in Kriegszeiten?	
Was bedeutet Frondienst leisten?	
Was war die Folge für den Hörigen wenn eins seiner Kinder eine Umzugs- oder Heiratserlaubnis erhielt?	
Worauf konnten die Hörigen hoffen, wenn die Lebensmittel knapp wurden?	

Deutsche Siedler ziehen nach Osten

Um das Jahr 1000 schlossen sich slawische Völkerschaften zu dem Königreich Polen zusammen. In dem dünn besiedelten deutsch-polnischen Grenzraum zwischen Elbe und Oder siedelten sich immer mehr deutsche Bauern, Handwerker und Kaufleute an. Die Bauern verwendeten verbesserte Arbeitsweisen und Arbeitsgeräte. So benutzten sie als Zugtiere Pferde, deren Hufe mit Eisen beschlagen waren. Sie verfügten weiterhin über das Kummet als Zuggeschirr und über den Räderpflug mit eiserner Pflugschar sowie über Sensen und andere Arbeitsgeräte aus Eisen. Zudem kannten sie eine neue Anbaumethode: die Dreifelderwirtschaft.

(Vergleiche Seite 23)

1. Feld	2. Feld	3. Feld	
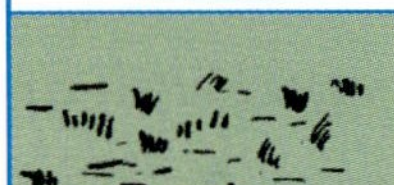 Brache	 Roggen	 Sommerweizen	1. Jahr
	 Sommerweizen		2. Jahr
			3. Jahr

(1) Vervollständige den Text und beschrifte entsprechend die leeren Felder in der Zeichnung.

Bei der Dreifelderwirtschaft ist das Ackerland in ________________ aufgeteilt. Die Fruchtfolge wechselt jedes ___________ . Ein Feld bleibt im Wechsel für ein ___________ unbebaut. So kann der Acker wieder Nährstoffe ansammeln.

Da polnische Fürsten auch in ihrem Land mehr Ackerland gewinnen und die Erträge der Landwirtschaft steigern wollten, riefen sie deutsche Siedler in ihr Land. In dem Aufruf eines polnischen Fürsten heißt es: "Wir, Herzog Heinrich IV. von Schlesien, machen bekannt, dass wir Wilhelm (das ist der ausgesandte Werber) unseren Wald übertragen. Er soll ihn nach deut Werber) unseren Wald übertragen. Er soll ihn nach deutschem Siedlerrecht in Höfe aufteilen. Deren Inhaber sollen für 10 Jahre alle Freiheiten genießen." Was veranlasste viele Bauern (aus Sachsen, Franken, Schwaben, Thüringen, Friesland, Westfalen) ihre Heimat zu verlassen? Die Antwort findest du in der folgenden Gegenüberstellung.

(2) Unten stehen die Zusagen der polnischen Regierung, die viele Bauern zum Auswandern veranlassten. Ordne diese Zusagen der jeweiligen besonderen Notlage der Bauern zu.

So war die Lage vieler Bauern in der Heimat:	Diese Zusagen bewogen viele Menschen, als Neusiedler nach Osten zu ziehen:
1. Viele Bauern waren hörig geworden.	
2. Der Hof der hörigen Bauern war Eigentum des Grundherrn.	
3. Hörige Bauern mussten Frondienste leisten und Abgaben zahlen.	
4. Viele Höfe waren infolge der hohen Zinslasten hoch verschuldet.	
5 Infolge der Erbteilungen wurden viele Höfe zu klein. Sie konnten keine Familie mehr ernähren.	

Zusagen der polnischen Regierung:
Als Neusiedler war man frei. // Der Neusiedler war frei von Frondiensten und Abgaben. // Es bot sich ein Neuanfang ohne Schulden an. // Man konnte Land hinzu erwerben. // Die neue Siedlerstelle wurde freies Eigentum.

Unter den Neusiedlern ging folgender Spruch um: "Der erste hat den Tod, der zweite die Not, der dritte das Brot."

(3) Überlegt, was man mit diesem Spruch zum Ausdruck bringen wollte. Äußert euch dazu.

Wofür Mönche sich einsetzten

Im Jahre 529 sammelte Benedikt von Nursia gleich gesinnte Männer um sich und gründete den Benediktinerorden. In Monte Cassino baute er das erste Benediktinerkloster. Die Benediktinermönche widmeten ihr Leben dem Gebet und der Arbeit. Sie sorgten selbst für ihren Lebensunterhalt.

Immer mehr junge Menschen traten in den Orden ein. Im Laufe der Jahrhunderte gründeten die Benediktiner viele Klöster in Westeuropa.
Auch Frauen schlossen sich nach den Regeln des Heiligen Benedikt zu Ordensgemeinschaften zusammen und gründeten Klöster.

Die Ordensmitglieder betätigten sich neben der Pflege des Gottesdienstes und des gemeinsamen Gebetes als Lehrer, Wissenschaftler, Viehzüchter, Künstler, Handwerker, Baumeister, Obstzüchter, Weinbauern, Ärzte, Krankenpfleger, Fischzüchter, Schreiber und Armenpfleger.

Sie vergrößerten das Acker- und Weideland der Klöster durch Roden von Urwald oder durch Trockenlegen von Sümpfen. Die Landwirtschaft und die Viehzucht der Klöster dienten vielen Bauern als Vorbild.

(1) In den Bildern sind verschiedene Tätigkeiten der Ordensmitglieder dargestellt. Schreibe zu jedem Bild das zutreffende Stichwort.

(2) Wenn du das Luftbild der Klosteranlage betrachtest und dann die unten genannten Gebäude aufsuchst, erfährst du, welchen verschiedenen Zwecken diese Gebäude dienen.
Du erhältst dann auch eine Vorstellung von der Größe der Anlage.

1 Klosterkirche 2 Wohnungen des Abtes und der Mönche 3 Kreuzgang 4 Herberge 5 Schmiede

6 Pferdestall 7 Scheune 8 Kornspeicher 9 Bäckerei 10 Mühle 11 Kuhstall

Neue Klöster entstehen

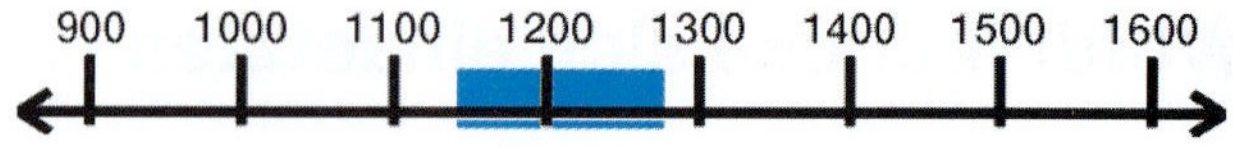

Manche adlige Grundherren schenkten Klöstern Land. Die Äbte wurden dadurch zu Grundherren; sie konnten von den hörigen Bauern Frondienste und Abgaben (den Zehnten) verlangen. So wurden einige Klöster reich. In manchen reich gewordenen Klöstern wurde die Einhaltung der Ordensregeln des Heiligen Benedikt vernachlässigt. Einzelne Mönche und Klostergemeinschaften wandten sich gegen die Verweltlichung des Klosterlebens. Vom Kloster Cluny in Burgund ging eine Reformbewegung aus.

Daran übten die Reformer Kritik:	Das wollten die Reformer verwirklichen:
Manche Klöster erliegen der Versuchung, ihren Landbesitz immer mehr zu vergrößern.	______
Äbte sind zugleich Grundherren und so zu sehr mit weltlichen Aufgaben beschäftigt.	______
In manchen Klöstern leben Äbte und Mönche wie weltliche Herren. Sie vernachlässigen Gebet, Gottesdienst und die Einhaltung der Gelübde der Armut, der Ehelosigkeit und des Gehorsams.	______

(1) Lies nach, was die Reformer kritisieren und schreibe auf, was die Reformer ändern wollen.
Äbte sollen nur das geistliche Amt als Klostervorsteher ausüben. – Die Klöster sollen nur so viel Land besitzen wie es für die Versorgung der Klostergemeinschaft notwendig ist. – Äbte und Mönche sollen die Ordensregeln und die Gelübde einhalten. Sie sollen das Gebet und den Gottesdienst pflegen.

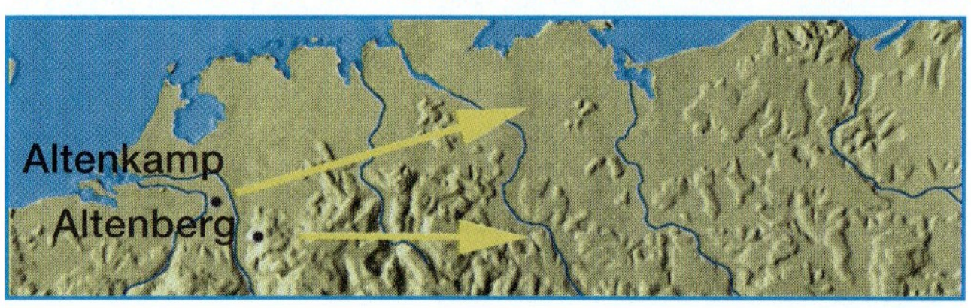

Aus der Reformbewegung entstand im 11. Jahrhundert die neue Ordensgemeinschaft der Zisterzienser. Auf dem Foto ist das Kloster Altenberg zu sehen, das die Zisterzienser im Jahre 1133 südöstlich von Köln gegründet haben. Zu dieser Zeit erstreckte sich dort ein großer Urwald.

Von den beiden rheinischen Zisterzienserklöstern ______ und ______ gingen im 12. Jahrhundert über 50 Klostergründungen aus. Die Gründungsmönche zogen nach ______, weil dort das Land nur dünn besiedelt war. Aus unwirtlichen Sümpfen und Urwäldern schufen sie ______ und ______. Wenn ein ______ fertig gestellt und hinreichend Land kultiviert war, zogen wiederum Mönche aus, um ein weiteres Kloster zu gründen. Manche Klöster wurden auch Ausgangspunkt von ______. Auch die ______ der angeworbenen Bauern aus dem Westen wurden oft von ______ begleitet. Die Mönche übten nicht nur die ______ aus, sondern halfen auch bei der Errichtung der ______. Die ______ errichteten ein Netz von Klöstern, das sich bis weit in das heutige ______ erstreckte. Von ihren Klöstern aus verkündeten sie der einheimischen Bevölkerung ______ ______.

(2) Fülle den Lückentext aus. Verwende: Ackerland, Weideland, Seelsorge, Altenberg, Altenkamp, Klosterbau, Dorfgründungen, Osten, Polen, Siedlertrecks, Siedlerstellen, den christlichen Glauben, Zisterzienser, Zisterziensern

Städte entstehen

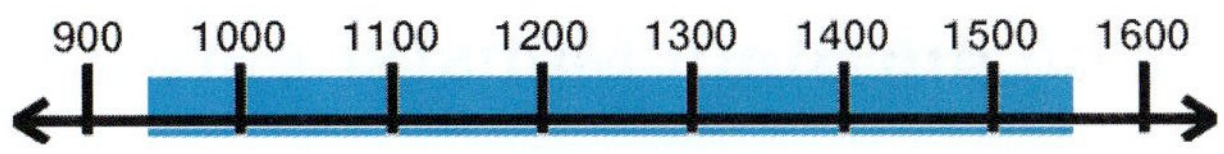

Städte aus alter Zeit

Bereits zur Zeit der Römer gab es in Deutschland Städte. Aus römischen Siedlungen sind u. a. folgende Städte entstanden: Neuss, Bonn, Köln, Augsburg, Passau, Mainz, Basel, Straßburg, Trier und Regensburg.

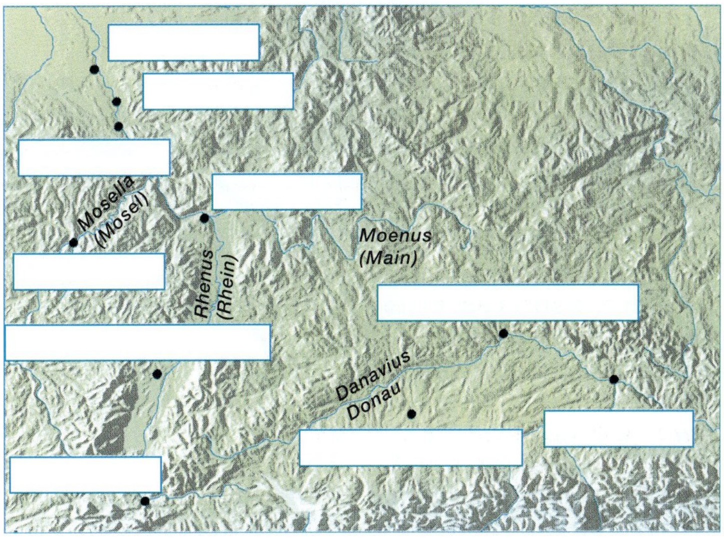

1. Nimm den Atlas zu Hilfe und schreibe die Namen dieser Städte in die Skizze.

Neue Städte entstehen

Die folgenden Bilder zeigen, aus welchen Anfängen sich die meisten Städte im Mittelalter entwickelt haben.

2. Trage als Stichwort den Anlass zur Entwicklung einer Stadt ein. (Kreuzung von Handelsstraßen, Furt, Kloster, Flussmündung, Burg, Kaiserpfalz, Römerkastell, Erzgrube.)

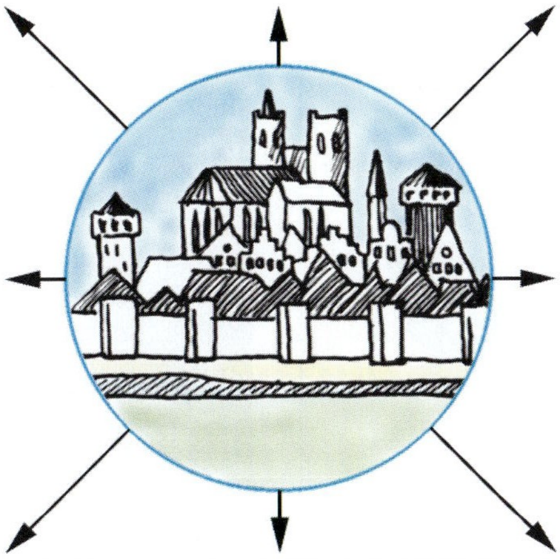

3. Versuche herauszufinden, wie deine Heimatstadt entstanden ist. Berichte, wenn du Erfolg hattest.

Wie sich die Stadt Münster entwickelt hat

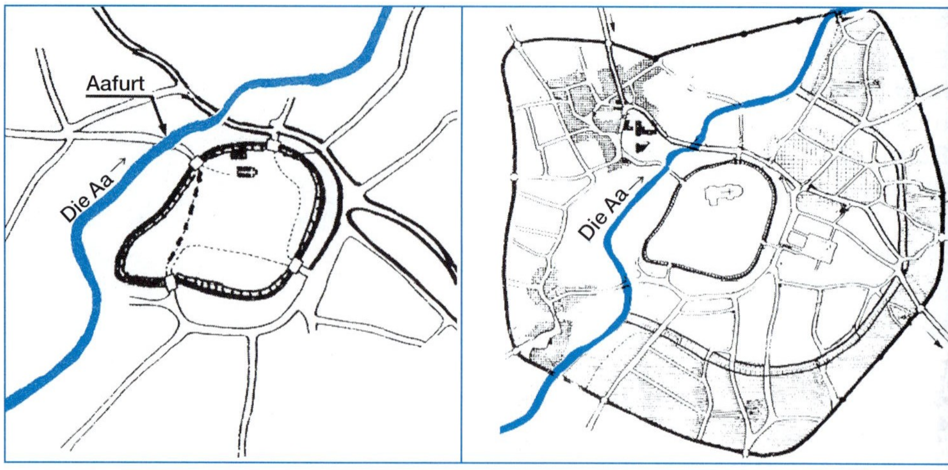

Wo die Aa und die Aa-Niederung einen festen Untergrund hatten, konnten die Wagen der Kaufleute bei niedrigem Wasserstand den Fluss überqueren. An dieser **Furt** lagen alte germanische Gehöfte; je mehr Kaufleute die alte Handelsstraße benutzten, umso mehr neue Ansiedlungen entstanden (Rasthäuser, Handwerker, Händler).

Um 800 beauftragte Karl der Große den Mönch Ludgerus, in der Nähe der Aa-Furte ein Kloster zu errichten. Um das Kloster entstanden weitere Ansiedlungen. Später wurde um das Kloster, um die Ansiedlungen und den inzwischen errichteten Dom zum Schutz der Bewohner ein Erdwall errichtet. Außerhalb der Domburg siedelten sich Kaufleute und Handwerker an. Zum Schutz dieser neuen Ansiedlungen wurde um 1100 ein weiterer Wall gebaut. Neue Bewohner fanden innerhalb dieses Walles keinen Platz mehr. Sie siedelten sich außerhalb des Schutzwalles an. So wurde um 1200 eine neue Schutzanlage gebaut: eine hohe Steinmauer.

(1) Kreise in der linken Skizze die Aa-Furt ein. Zeichne Handelsstraßen farbig nach.

(2) Male in der rechten Skizze mit unterschiedlichen Farben die Flächen aus, die zeigen, wie die Stadt gewachsen ist.

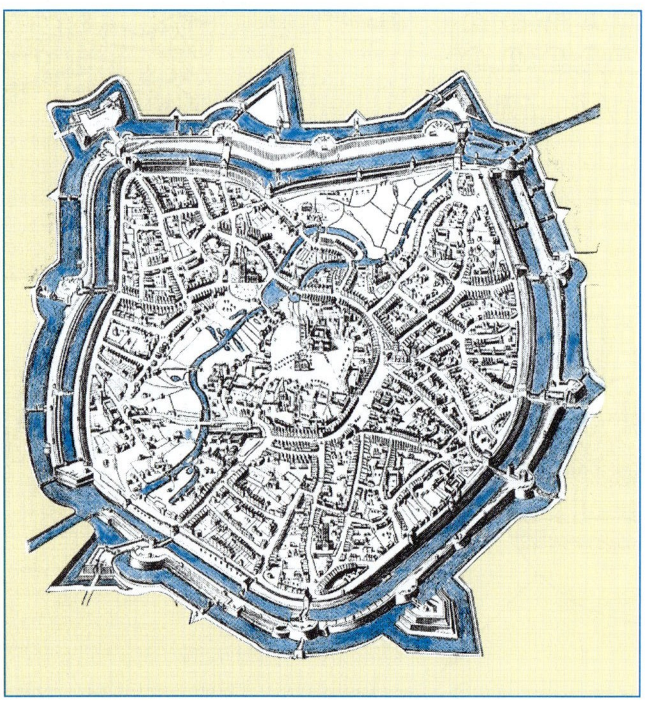

Zum Schutz vor feindlichen Angriffen wurde um 1550 die Befestigung weiter ausgebaut: Verstärkung der Stadtmauer, Errichtung von Wehrtürmen, Anlage von Wassergräben und eines zusätzlichen Walles. Zu dieser Zeit hatten die Bürger ihre Selbstverwaltung erkämpft.

Um 1800 wurden die Befestigungsanlagen abgetragen. An ihrer Stelle entstand ein Grüngürtel, der heute noch vorhanden ist.

(3) Kennzeichne die Stelle, an der sich die Furt befand.

(4) Male die Fläche der alten Domburg aus.

Das Luftbild zeigt einen Ausschnitt der heutigen Großstadt Münster. Im Mittelpunkt der Stadt ist der mittelalterliche Dom zu sehen, um den herum die Stadt gewachsen ist. Der Verlauf der Stadtmauer im Mittelalter ist erkennbar.

(5) Trage Ziffern ein:

1 Aa-Furt
2 Domburg
3 Verlauf der Stadtmauer im Mittelalter

Das Bild einer mittelalterlichen Stadt (Nürnberg)

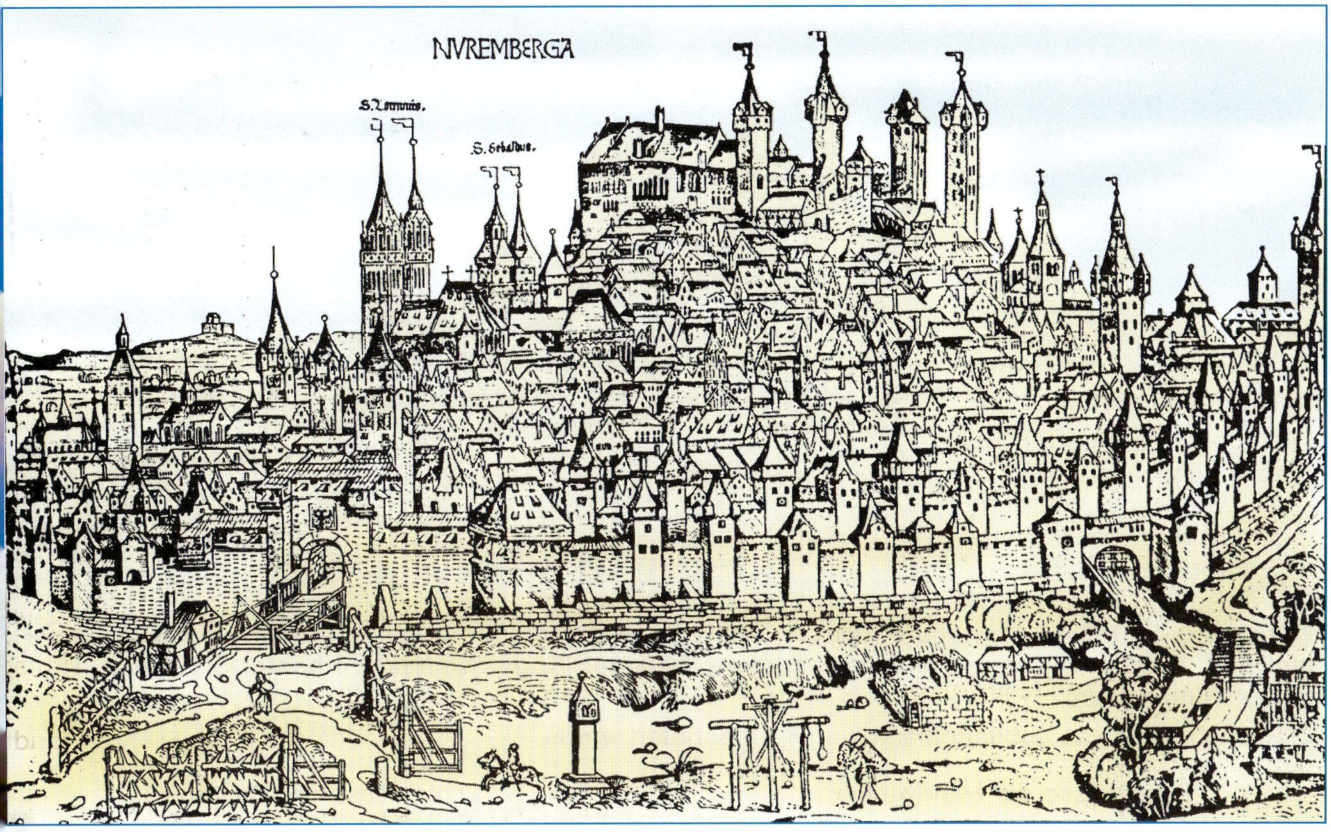

Als sich zunächst nur wenige Menschen außerhalb der Burgmauer angesiedelt hatten, reichte die Burganlage aus, diesen Menschen in kriegerischen Zeiten Schutz zu bieten. Als immer mehr Handwerker, Kaufleute und Bauern sich hier ansiedelten, konnte die Burganlage die vielen Menschen nicht mehr aufnehmen. Die Befestigungsanlage musste erweitert werden: eine Stadtmauer wurde errichtet. Die Bewohner dieser um die Burg entstandenen befestigten Siedlung nannten sich Bürger.

(1) Betrachte das Bild genau.
Achte besonders auf die Burg, die Stadtmauer, die Wehrtürme und Wehrgänge, die Stadttore und die Brücke. Beschreibe wie die Stadt angelegt ist.

(2) Ergänze den folgenden Text.
Setze ein: Burg, Bürger, Stadtmauer, Stadtgraben, Wehrumgang, Brücke, Stadttor, Marktplatz, Rathaus

Die mittelalterliche Stadt sah von weitem wie eine befestigte ________ aus. Die Einwohner nannten sich ______________ . Die Stadt war von einer hohen ____________ ____________ umgeben. Um die Stadtmauer gab es einen ______________________ . Zur Stadtmauer gehörten Wehrtürme und ein ____________________________ . Man konnte nur über die _____________ und durch das ___________________ in die Stadt gelangen. Der ________________ und das ________________ liegen mitten in der Stadt.

Die meisten Menschen lebten zum Ende des Mittelalters als Bauern auf dem Lande. Nur ein Viertel der Bevölkerung wohnte in den Städten. Viele Städte waren klein, und sie hatten weniger als 1000 Einwohner. Nürnberg gehörte zu den Großstädten, die es um 1450 gab. Es hatte damals ungefähr 20 000 Einwohner.

(3) Stelle fest, wie viel Einwohner Nürnberg heute hat und trage ein.

Nürnberg hat _____________ Einwohner.

(4) In der folgenden Tabelle stehen die Einwohnerzahlen anderer Großstädte um 1450.

Ergänze die Tabelle.

Stadt	Einwohner um 1450	Einwohner heute
Köln	35 000	
Augsburg	20 000	
Lübeck	25 000	
Ulm	20 000	

Der Markt – Mittelpunkt der Stadt im Mittelalter

Die Hauptstraßen führten von den Stadttoren auf den Marktplatz. Bauern aus der Umgebung der Stadt und Ackerbürger boten auf dem Markt an, was sie nicht selbst verbrauchten. Handwerker boten ihre Erzeugnisse zum Kauf an. Es gab auch Händler, die den Bauern und Handwerkern ihre Erzeugnisse abkauften, diese zum Markt transportierten und dort anboten.

(1) Trage die fehlenden Bezeichnungen in die Skizze ein. Verwende: Wehrturm, Stadttor, Marktplatz, Stadtbrunnen, Rathaus

Erzeugnisse der Handwerker und Bauern sind nachfolgend aufgeführt: Schuhe, Wachs, Fleisch, Gemüse, Leinwand, Honig, Werkzeuge, Pfannen, Kämme, Geflügel, Nägel, Getreide, Knöpfe, Schlösser, Töpfe, Messer, Butter, Obst.

(2) Schreibe auf, was auf dem Markt zum Kauf anboten wurde.

Erzeugnisse der Handwerker:	Erzeugnisse der Bauern:

Fernhandelskaufleute

Fernhandelskaufleute brachten Waren, die in der Stadt nicht hergestellt werden konnten, aus anderen Städten und Gegenden auf den Markt. Sie besorgten auch begehrte Waren aus fernen Ländern, z. B.: Gewürze, Seide, Tuche, Teppiche.

(3) Betrachte das Bild des Lastwagens eines Fernhandelskaufmannes und erzähle. Weshalb begleiten bewaffnete Knechte den Wagen?

(4) Fülle das Rätsel aus. Die gesuchten Wörter bezeichnen Waren, die die Fernhandelskaufleute auf den Markt brachten.

1. Metall
2. Zum Würzen der Speisen wichtig
3. Daraus fertigen die Schneider Anzüge
4. Ein scharfes Gewürz
5. Für Mützen und Mäntel
6. Daraus bestehen kostbare Gewänder
7. Zum Süßen von Speisen
8. Sie liegen auf dem Fußboden
9. Das wichtigste Nahrungsmittel in manchen Ländern

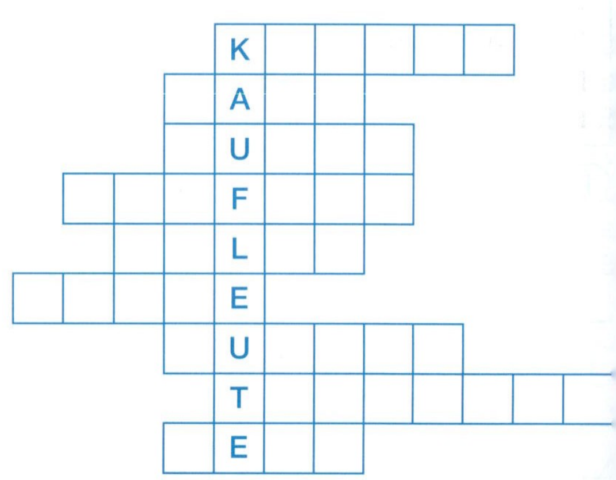

Marktordnung und Marktfriede

Marktordnung

Der Marktplatz bildet in alten Städten den Mittelpunkt. Am Marktplatz liegt auch das Rathaus. Die Fahne verkündet, dass heute Markttag ist. Am Markttag kommen nicht nur Bewohner aus der eigenen Stadt, sondern auch Bauern, Handwerker, Händler und Käufer von nah und fern in die Stadt. Alles zum Leben Notwendige wird gehandelt. Dieses geschäftige Treiben wird durch eine **Marktordnung** geregelt. Darin ist u. a. festgelegt:

> Nur wer eine Genehmigung hat, darf seine Waren anbieten.
>
> Jeder Händler bekommt seinen Stand zugewiesen.
>
> Brotbeseher prüfen, ob die Bäcker das Brot groß genug gebacken haben.
>
> Die für einige Waren vorgeschriebenen Preise müssen eingehalten werden.
>
> Es ist verboten, dass Käufer Brot, Fleisch und Fisch anfassen.

Marktfriede

Die Verordnung zum **Marktfrieden** sollte dafür sorgen, dass der Markttag friedlich verlief. Es war verboten, am Markttag Waffen zu tragen oder einen Streit mit Waffen auszutragen. Wer gegen den Marktfrieden verstieß, wurde streng bestraft.
Auf dem Bild ist dargestellt, wie es auf einem Markt im Mittelalter zuging.

(2) Betrachte das Bild genau und setze die zutreffenden Ziffern ein, wenn du die folgenden Einrichtungen und Gegenstände erkannt hast:

1 Marktwaage
2 Marktbrunnen
3 Lagerhäuser (Stapelhäuser)
4 Viehmarkt
5 Verkaufsstände
6 Lastwagen (Fuhrwerk)
7 Rathaus
8 Marktfahne
9 Stadtsoldaten
10 Kaufmann

(1) Welche dieser Vorschriften haben in ähnlicher Form auch heute noch Geltung? Schreibe auf, was du darüber weißt.

Regierung und Verwaltung der Städte

Ursprünglich herrschten König, Bischof oder Burggraf über die Stadt. Sie waren die eigentlichen Stadtherren und regelten das Leben der Stadtbewohner. Sie übten das **Marktrecht**, **Zollrecht** und **Befestigungsrecht** aus und hielten **Gericht**.

(1) Schreibe in die Leerzeilen, wer als Stadtherr dargestellt ist.

herrschen über die Stadt und üben folgende Rechte aus:

M

Z

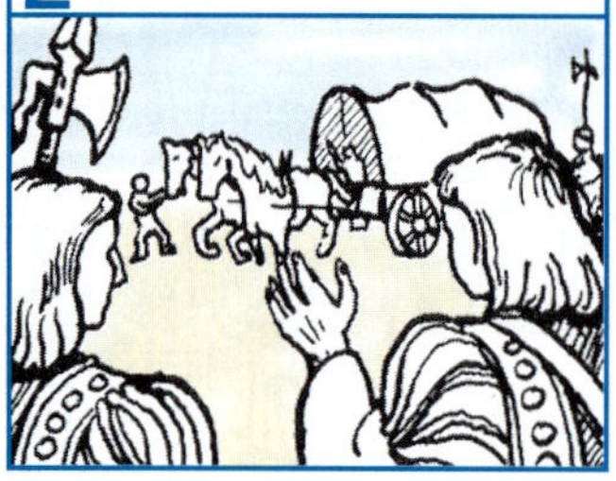

B

G

(2) Schreibe in die Leerzeilen, um welche Rechte es sich handelt.

Der Stadtherr verfügte über das Marktrecht, d. h. über das Recht zu bestimmen, wie oft und an welchen Tagen in der Stadt Markt (Messe) gehalten wurde. Er verfügte auch über das Recht, Gebühren und Zölle zu erheben. Die **reich gewordenen Kaufleute** waren mit diesen Regelungen unzufrieden. Deshalb schlossen sie sich zu **Kaufmannsgilden** zusammen und verlangten eine Beteiligung an den Rechten des Stadtherrn. In manchen Städten erkauften sie sich **das Marktrecht**, in anderen Städten erstritten sie sich dieses Recht.
Die begüterten Kaufleute (**Patrizier**) erstritten im Laufe der Zeit das Recht, die Stadt selbst zu verwalten. Aus ihrer Mitte wählten sie **die Ratsherren** und den **Bürgermeister**. Die Ratsherren konnten in der Stadt Recht sprechen und Gesetze erlassen. Die Kaufherren (Patrizier) schlossen die **Bewohner, die nicht zu ihrem Stand gehörten**, von der Selbstverwaltung aus.

(3) Beantworte folgende Fragen. Die fett gedruckten Textstellen helfen dir.

1. Wer verfügte in der Stadt ursprünglich über das Marktrecht?

2. Wer lehnte sich gegen die Vorrechte des Stadtherrn auf?

3. Wie hieß der Zusammenschluss der Kaufleute?

4. Wie wurden die reich gewordenen Kaufleute auch genannt?

5. Welches Recht erstritten sich die Kaufmannsgilden im Laufe der Zeit?

6. Wen wählten sie für die Verwaltung der Stadt aus ihrer Mitte?

Sie wählten die ______ und den ______

7. Wen schlossen die Patrizier von der Selbstverwaltung der Stadt aus?

Menschen in der mittelalterlichen Stadt

(1) Welchen Eindruck hast du von dem ersten Familienbild ? Worauf lässt die Kleidung schließen?

(2) Welchen Eindruck hast du von dem zweiten Familienbild? Wo befindet sich die Familie? – Womit sind Mann und Frau beschäftigt?

(3) Welchen Beruf übt der Mann auf dem dritten Bild aus?

(4) Schreibe unter die Bilder, welchem Stand die Personen angehören: Handwerker, Patrizier, Dienstleute.

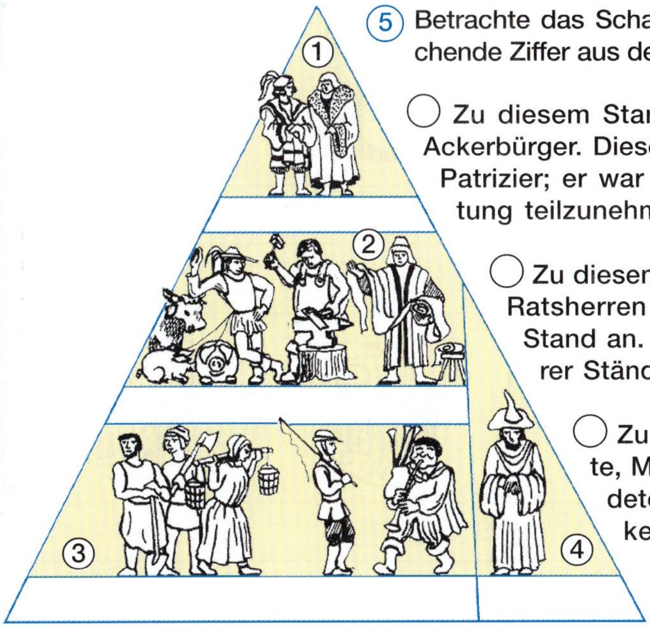

(5) Betrachte das Schaubild und schreibe zu jedem Textabschnitt die entsprechende Ziffer aus dem Schaubild. Trage dann die Namen der Stände ein.

◯ Zu diesem Stand gehörten die Handwerker sowie die Händler und Ackerbürger. Dieser Stand war zahlenmäßig weitaus größer, als der der Patrizier; er war aber zunächst von dem Recht, an der Selbstverwaltung teilzunehmen, ausgeschlossen.

◯ Zu diesem Stand gehörten die reichen Handelsherren. Auch die Ratsherren und die Bürgermeister der Städte gehörten diesem Stand an. Sie regierten die Städte und ließen Angehörige anderer Stände zunächst nicht an der Verwaltung teilnehmen.

◯ Zu diesem Stand gehörten alle Dienstleute, z. B. Knechte, Mägde, Lastenträger, Fuhrleute und Tagelöhner. Sie bildeten in den meisten Städten den größten Teil der Bevölkerung.

◯ Diese Menschen wohnten im Judenviertel.

Juden

Nach der Zerstörung Jerusalems durch die Römer im Jahre 70 nach Christus sind viele Juden in andere Länder ausgewandert. Auch in deutschen Städten lebten Christen und Juden lange Zeit friedlich miteinander. Da es in jener Zeit den Christen verboten war, für ausgeliehenes Geld Zinsen zu nehmen, übernahmen die Juden die Geldgeschäfte und betätigten sich zudem auch als Händler und Wissenschaftler. Zur Zeit der Kreuzzüge gab es auch im eigenen Land Glaubenseiferer. Sie beschimpften die Juden als „Ungläubige“. Diese Hetze führte um 1100 in Deutschland und in anderen Ländern zu ersten Judenverfolgungen. Die Juden wurden aus ihren Häusern vertrieben und verloren Hab und Gut und alle Bürgerrechte.
Die Hetzer begründeten ihr Tun mit Glaubenseifer. Oft aber trieb sie wohl nur der Neid auf die Juden; denn viele Juden waren zu Reichtum und Ansehen gekommen.
Die Juden mussten nun im Judenviertel oder in der Judengasse wohnen und durften auch kein Handwerk betreiben.

Prüfe den Text.

(6) Unterstreiche rot, womit die Hetzer ihr Treiben begründeten.

Unterstreiche schwarz, welche Gründe sicherlich auch eine entscheidende Rolle spielten.

Berichte, wodurch die Juden aus der Bürgerschaft ausgegrenzt wurden.

Handwerker und ihre Zünfte

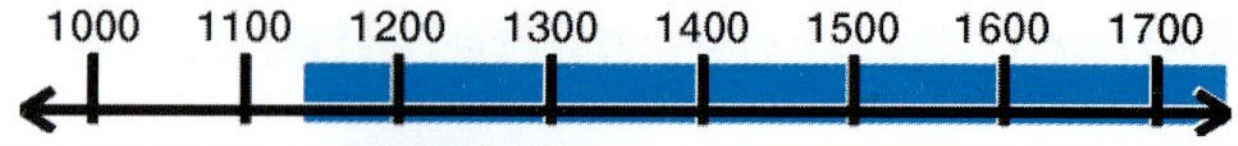

Die Handwerker machten einen großen Teil der Stadtbevölkerung im Mittelalter aus. Handwerksmeister der gleichen Sparte schlossen sich zu Genossenschaften zusammen. Man nannte sie **Zünfte**. Jede Zunft hatte ihr eigenes Zeichen (Wappen). Ein Zunftmeister stand an der Spitze. Er wurde von seinen Zunftbrüdern gewählt. Angehörige einer Zunft wohnten meistens in einer Gasse der Stadt und hatten am Marktplatz ihr eigenes Zunfthaus. Jede Zunft musste einen bestimmten Abschnitt der Stadtmauer in Ordnung halten. Die Zünfte hatten auch die Pflicht, im Kriegsfall die Stadt zu verteidigen.

(1) Trage die fehlenden Bezeichnungen in das nebenstehende Bild ein:

Meister, Geselle, Lehrling, Zunftmeister.

Dieses Bild (Holzschnitt) stammt aus der Zeit um 1470. Es zeigt Handwerker und Künstler bei der Arbeit.

(2) Suche auf dem Bild einen
1 Bildhauer,
2 einen Maler,
3 einen Orgelbauer,
4 einen Schreiner und
5 einen Uhrmacher

und setze die entsprechende Ziffer ein.

Zunftzeichen

(3) Schreibe unter die folgenden Zunftzeichen den Namen des Handwerks.

B	M	M

S	S	Z

Zunftzeichen hatten die Handwerker auch an ihren Häusern hängen.

(4) Schreibe auf, welcher Zunft sie angehörten.

Was die Zunft regelte

① Ergänze den folgenden Text. Setze ein: Wettbewerb, bestrafte, Löhne, Geselle, Meister, Preise, Lehrlinge, Rohstoffe

Die Zunft legte fest, was sich in einem Handwerk „ziemte“. Die Zunft überwachte die Ausbildung der ________________ . Sie legte fest, wer G________________ oder M________________ werden konnte. Die Zunft setzte auch die ________________ für die Erzeugnisse fest und ________________ jeden, der schlechte Waren verkaufte. Damit wollte man den ________________ ausschalten. Die Zunft bestimmte die ________________ der Gesellen. Sie beschaffte auch die ________________ für alle Handwerksbetriebe gemeinsam.

Was alte Straßennamen und Familiennamen aussagen

In vielen Städten erinnern noch heute Straßennamen an Handwerker, die im Mittelalter dort gelebt und gearbeitet haben. Du findest im Plan der Altstadt von Nürnberg solche Straßennamen.

② Lies den Stadtplan und versuche, einige Straßennamen zu erklären.

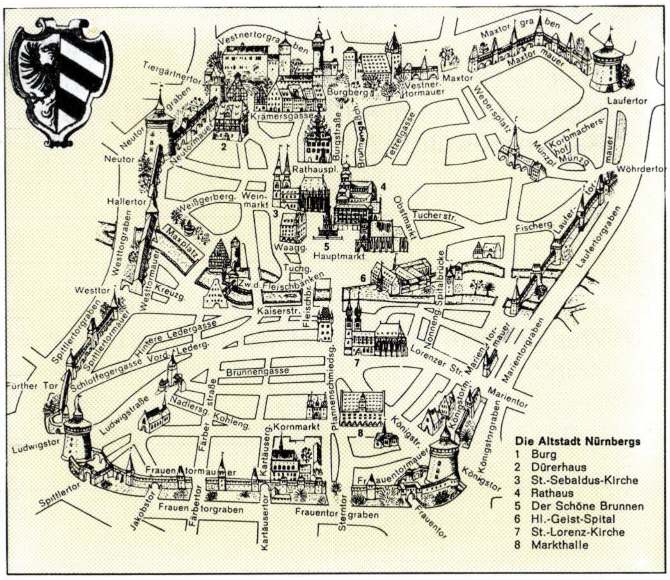

Schlotfegergasse: In dieser Gasse wohnten die Schornsteinfeger.

Färberstraße: In dieser Straße wohnten ________________

Webersplatz: An diesem Platz wohnten ________________

Korbmachershof: Um diesen Hof wohnten ________________

Tucherstraße: In dieser Straße wohnten ________________

Nadlersgasse: An dieser Gasse wohnten ________________

Pfannenschmiedgasse: Hier wohnten ________________

Zahlreiche Handwerksberufe des Mittelalters sind ausgestorben, oder sie tragen heute andere Bezeichnungen. Familiennamen erinnern heute noch an alte Handwerke.

③ Versuche diese Namen zu erklären:

Der Bogner stellte Bogen her.

Der Armbruster stellte ________________

Der Kessler stellte ________________

Der Schindler stellte ________________

Es haben sich bis heute viele Redewendungen aus der Zeit des mittelalterlichen Handwerks erhalten.

④ Was bedeuten folgende Redewendungen?

– „jemand versohlen“ ________________

– „etwas zusammenschustern“ ________________

– „einem das Fell gerben“ ________________

– „einen zurechthobeln“ ________________

– „einem ins Handwerk pfuschen“ ________________

Zünfte wollen mitregieren

In den Städten gab es mehr Handwerker als Kaufleute. Der Anteil der Handwerker am Steueraufkommen war nicht gering. Aber die Patrizier setzten die Zölle fest und bestimmten, welche Waren auf dem Markt angeboten wurden. Damit überwachten sie auch die Preise und die Produktion der Handwerker. Die Zünfte wollten über Markt und Preise mitbestimmen und damit die Geschicke der Stadt beeinflussen.

So kam es vor allem in den reichen Fernhandelsstädten (Köln, Frankfurt, Augsburg, Ulm) zu Aufständen der Zünfte. Nach langen Kämpfen gelang es den Zünften, in den Städten mitzuregieren. Handwerker konnten jetzt ihre Vertreter in den Rat der Stadt entsenden.

Der Aufstand der Weberzunft in Köln

In Köln "... hielten die Weber eine Versammlung ab und berieten, wie man den guten Leuten die Macht nehmen könne. Danach strebten sie zusammen mit allen Zünften der Stadt. ... Es musste nach dem Willen der Weber gehen. Der neue Rat wurde in folgender Weise gebildet: 15 Männer wurden aus den Geschlechtern gewählt, wie es von alters her Sitte war; daneben wurde noch ein weiterer Rat erkoren, der zählte 50 Mitglieder. In diesem Rat waren viele Zünfte vertreten."

Dieser Bericht über den Aufstand der Kölner Weber stammt aus dem Jahr 1369. Mit den „guten Leuten" sind die reichen Handelsherren - die Patrizier gemeint; ebenso bedeutet der Begriff „Geschlechter": Patrizier.

(1) Lies den Bericht aufmerksam und beantworte folgende Fragen:

(a) Welcher Stand herrschte zunächst über alle Bürger der Stadt Köln?

____

____

(b) Welche Gruppen der Stadtbevölkerung durften auch nach dem Aufstand der Zünfte keinen Ratsherrn wählen?

____

____

(c) Welche Gruppe von Bürgern kämpfte 1369 um die Teilhabe an der Herrschaft?

____

____

(d) Wer gehörte zum Stand der „guten Leute" in Köln?

____

____

Die Kölner Stadtverwaltung im Jahr 1370

In den folgenden Kästen kannst du nachlesen, welche Ämter es damals bei der Stadtverwaltung gab.

(2) Auf dem Ausschneideblatt findest du weitere Texte, die erklären, welche Aufgaben die Vorsteher dieser Ämter hatten. Schneide die Texte aus und ordne sie den noch freien Feldern zu.

2 Bürgermeister	1 Rentmeister	1 Stadtkleriker	1 Stadtschreiber mit Schreibpersonal
		Er regelt die Rechtsfragen der Stadt.	
2 Stadtboten	**2 Richter**	**2 Wegemeister**	**2 Bachmeister**
2 Rheinmeister	**2 Pagamentsmeister**	**2 Judenmeister**	**Obermeister der Zünfte**
Sie überwachen den Handel der Stadt, vor allem den Weinhandel und die Weinlager.	Sie überprüfen die Münze (Herstellung des Geldes) und das Geldwesen insgesamt.		

Der Fernhandel

Im Mittelalter wuchs die Zahl der Bewohner in den Städten. Neben den Adeligen, die viel Land besaßen, wurden Handels- und Kaufleute sowie auch einige Handwerker wohlhabend. Es wuchsen damit auch die Bedürfnisse nach Gütern aus fremden Ländern. In ganz Europa dehnte sich der Handel aus, und es entwickelte sich ein großes Verkehrsnetz mit bedeutenden Handelsstraßen. Auf dem Seeweg verkehrten regelmäßig italienische Handelsschiffe aus dem Mittelmeer zum Norden nach Brügge, London und Hamburg.

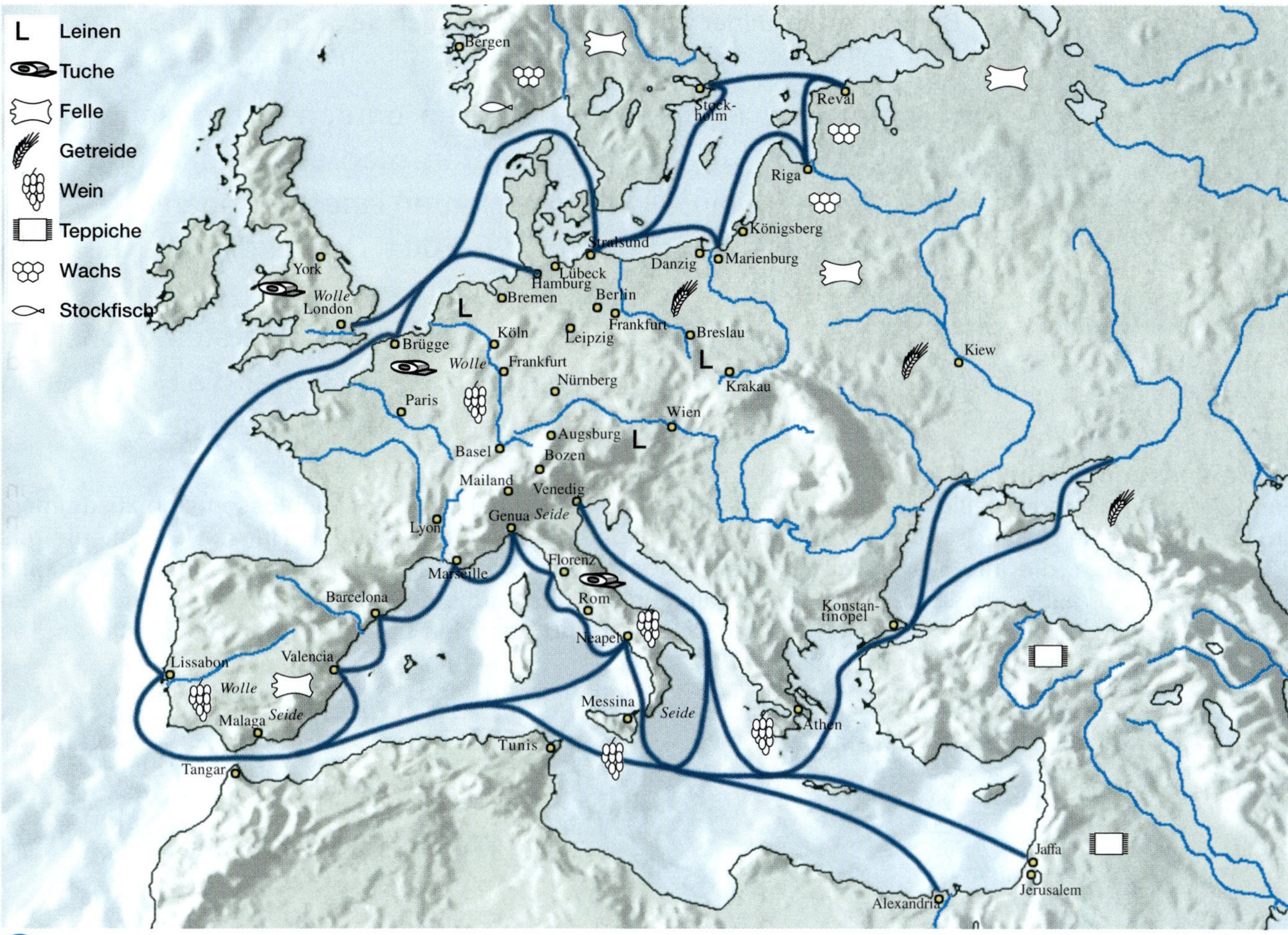

1) Zeichne die wichtigsten Land-Handelsstraßen rot in die Karte ein, indem du die nachfolgend genannten Städte miteinander verbindest.

1 Brügge – Köln – Bremen – Hamburg – Lübeck – Stralsund – Danzig – Marienburg – Königsberg – Riga – Reval
2 Paris – Frankfurt – Leipzig – Breslau – Krakau – Kiew
3 Frankfurt – Nürnberg – Wien
4 Venedig – Bozen (Brennerpass) – Augsburg – Nürnberg – Leipzig
5 Venedig – Mailand – Lyon – Paris
6 Köln – Basel – Mailand

2) Schreibe auf, welche Hafenstädte ein Schiff auf der Fahrt von Genua nach Brügge anlaufen konnte:

3) Schreibe auf, welche Handelsgüter die aufgeführten Länder lieferten:

Russland	Italien und Orient	Skandinavien	Deutschland	Westeuropa

Der Städtebund der Hanse

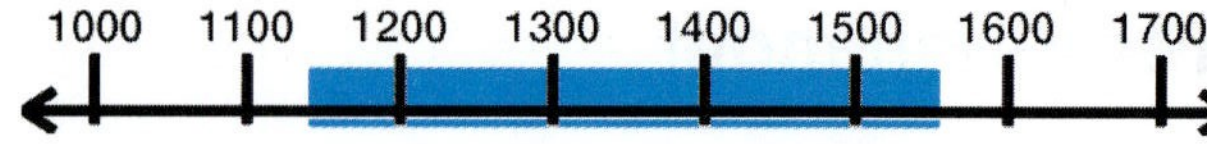

In Nord- und Osteuropa nahm der Handel seit dem 12. Jahrhundert einen großen Aufschwung. Deutsche Fernkaufleute beförderten mit neuartigen Schiffen die Handelsgüter über die Nord- und Ostsee zwischen Flandern (Belgien), Dänemark, Norwegen, Schweden, Deutschland und Russland. Die neuen Schiffe, die Koggen, waren erheblich größer, schneller und seetüchtiger als die bis dahin gebräuchlichen Schiffe.

(1) Betrachte die Bilder und ergänze folgenden Text. Setze ein: Bordwänden, Fuhrwerkes, Heckruder, Kammern, Kriegsschiff, Tiefgang.

Die Schiffbauer in den Hafenstädten bauten Schiffe mit hohen ________________ . Sie richteten mehrere Decks und viele ________________ ein. Die Koggen hatten einen geringen ________________ . Ihre Traglast betrug 120–200 t. Das ist die 60–100-fache Traglast eines damals gebräuchlichen ________________ . Eine Kogge ließ sich gut steuern. Sie besaß als erstes Großschiff ein ________________ . Wegen ihrer Größe war die Kogge auch als ________________ anderen Schiffen überlegen.

Kaufmannsgenossenschaften

Fernkaufleute, die regelmäßig das gleiche Ziel in Nachbarländern ansteuerten, schlossen sich zusammen, um ihre Fuhrwerke besser schützen zu können. Sie bildeten Genossenschaften, "Hansen". Kaufleute aus den Hafenstädten, die ihre Waren mit Schiffen beförderten, folgten diesem Beispiel, denn ihre Schiffe waren durch Seeräuber gefährdet. Aus den Vereinigungen der Kaufleute entstand im 14. Jahrhundert ein Bund ihrer Heimatstädte, die Deutsche Hanse. Diesem Bund gehörten um 1400 über 100 Städte an. Die führende Stadt in der Hanse war Lübeck.
Es gab 4 Hansekontore an wichtigen Standorten der Hanse im Ausland.

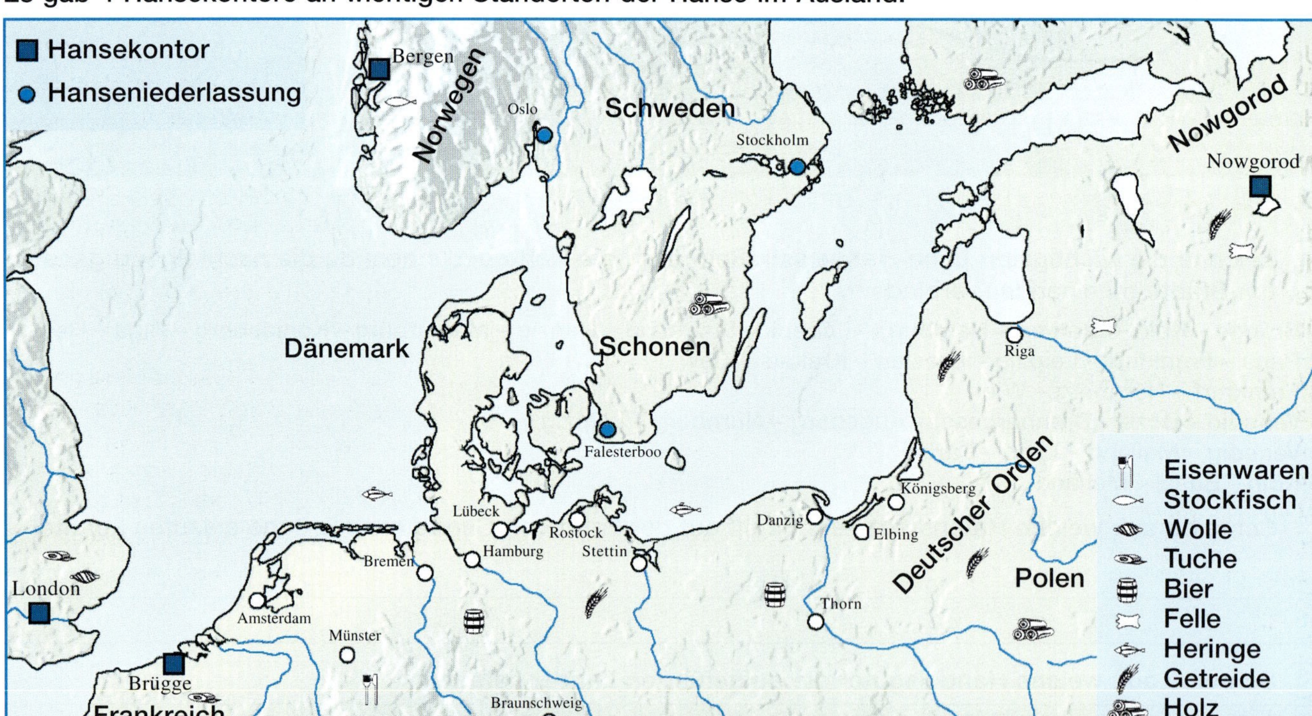

(2) Schreibe die Namen der Städte auf, in denen es Hansekontore gab.

Land	Stadt	Name des Handelskontors
England		Stalhof
Russland		Petershof
Norwegen		Deutsche Brücke
Niederlande		Haus der Osterlinge

(3) In der Hanseniederlassung Falsterboo (Karte) wurden die in der Ostsee gefangenen Heringe verladen. Überlege, wie man die Heringe haltbar machte. Schreibe das Stichwort auf.

____

Inhaber von Lehen werden Landesherren

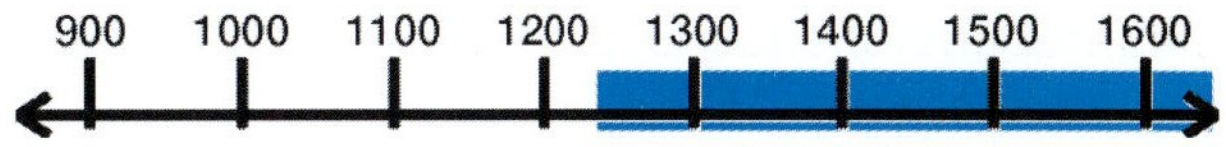

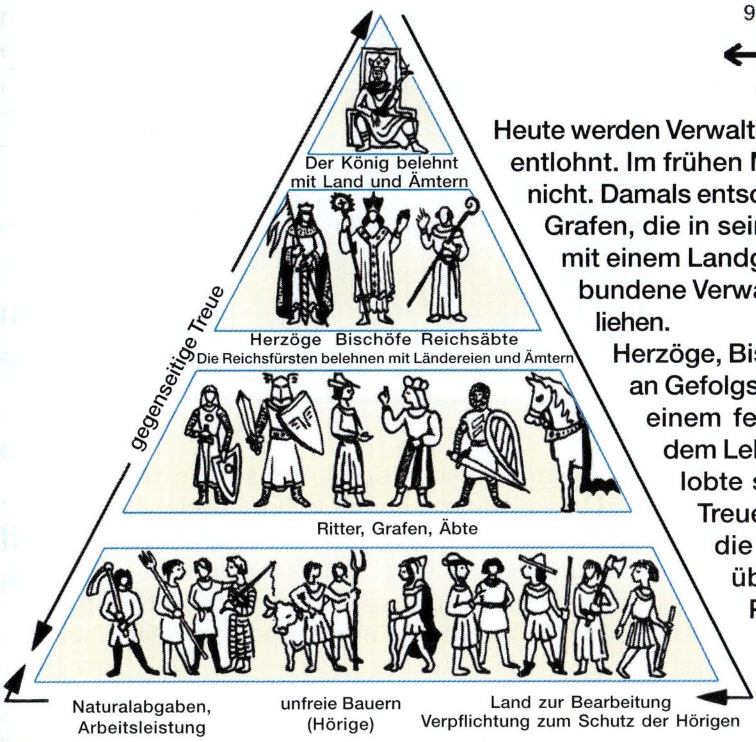

Heute werden Verwaltungsbeamte für ihren Dienst vom Staat mit Geld entlohnt. Im frühen Mittelalter kannte man die Geldwirtschaft noch nicht. Damals entschädigte der König Herzöge, Bischöfe, Äbte und Grafen, die in seinem Namen Verwaltungsaufgaben ausführten, mit einem Landgut als Lehen. Dieses Lehen und das damit verbundene Verwaltungsamt waren zunächst auf Lebenszeit verliehen.

Herzöge, Bischöfe und Grafen konnten ihrerseits wiederum an Gefolgsleute (z. B. Ritter) Lehen und Ämter verleihen. In einem feierlichen Versprechen gelobte der Lehnsherr dem Lehnsmann Schutz und Treue, der Lehnsmann gelobte seinem Lehnsherrn auf Lebenszeit Dienst und Treue. Alle Lehnsherren waren auch Grundherren, die den Hörigen das Land zur Bewirtschaftung übertrugen, dafür den Zehnt erhoben und die Pflicht hatten, die Hörigen zu schützen.

(1) Betrachte die Pyramide zur Lehnsordnung im Mittelalter. Erkläre sie.

(2) Wem übertrug der König Verwaltungsaufgaben? ______

(3) Was erhielten diese Helfer für ihre Dienste? ______

(4) Was gelobte der Lehnsherr dem Lehnsmann? ______

(5) Was gelobte der Lehnsmann dem Lehnsherrn? ______

Ursprünglich endete das Lehnsverhältnis mit dem Tod des Lehnsmannes und das Lehen fiel damit an den König zurück. Später wurde das königliche Lehen erblich. So verringerte sich der Landbesitz der Könige und damit ihre Hausmacht. Der Landbesitz und die Macht mancher adeligen Lehnsmänner dagegen vermehrte sich.

Wie aus Lehnsmännern Landesherren wurden

Der Graf von Württemberg war adeliger Lehnsmann des Königs. Im Jahre 1381 erweiterte er seinen Besitz durch den Kauf der Stadt Kirchheim und der Burg Teck (südöstlich von Stuttgart gelegen). Die Urkunde über diesen Kaufvertrag ist erhalten geblieben.

In dieser Urkunde heißt es, dass in den Verkauf einbezogen sind: alle Leute, Güter und Vorstädte, die zur Stadt und Burg gehören, ebenso die Gerichtsbarkeit, alle Rechte an Äckern, Wiesen, Weingärten, Wasser, Feld, Mühlen, zudem die Erhebung der Getränkesteuer und Zinsen und das Recht, die Pfarrer in Kirchheim zu ernennen.

Außer dieser Erweiterung ihres Besitzes erwarben die Grafen von Württemberg bis zum Jahre 1500 eine Vielzahl weiterer Städte und Grundherrschaften durch Kauf oder Tausch oder durch kriegerische Eroberung.

Im Jahre 1495 ernannte der Kaiser den mächtig gewordenen Grafen von W. zum Herzog. Der Herzog von Württemberg setzte als Landesfürst Beamte statt Lehnsmänner zur Verwaltung seines Landes ein. Die Beamten wurden statt mit Lehen mit Geld entlohnt. Ähnlich wie in Württemberg endete so um diese Zeit in weiten Teilen des Reiches das Lehnswesen.

(6) Mit welchen Mitteln vermehrten die Grafen von W. ihren Landbesitz? ______

______

(7) Was sagt der Kaufvertrag über die Menschen? ______

(8) An wen ging die Gerichtsbarkeit über? ______

(9) Welche Rechte an Sachwerten waren im Kaufvertrag noch eingeschlossen? Alle Rechte an Äckern,

______

(10) Welche zusätzlichen Geldeinnahmen erhielt der Graf durch diesen Kauf?

______

(11) Der Landesherr setzte zur Verwaltung seines Landes ______ ein.

Bauern erheben sich

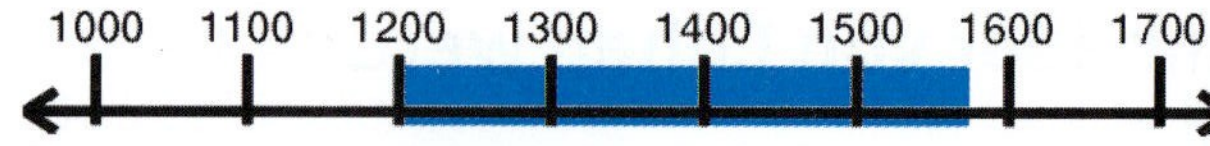

Das nebenstehende Bild stammt aus der Zeit der Bauernkriege um 1525.
In der Mitte des Bildes steht der Grundherr, ein Ritter.

1. Was kannst du aus der Haltung der Umstehenden erkennen?
2. Womit haben sich die Umstehenden ausgerüstet?
3. Welchem Berufsstand gehören diese Männer an?
4. Aus welchen Gründen könnten sie den Ritter bedrohen? – Lies dazu den folgenden Text.

Die Lage vieler Bauernfamilien war immer schlechter geworden: die Erbteilungen verkleinerten die Höfe; fruchtbare Äcker waren häufig im Besitz der Grundherren; die Auswanderung in östliche Siedlungsgebiete war nicht mehr möglich; Bauernsöhne konnten nur noch in geringer Zahl in den Städten ein Handwerk erlernen, weil die Zünfte vorwiegend Lehrlinge aus ihren eigenen Reihen einstellten.

Dazu kam entscheidend, dass viele Grundherren und Landesherren immer höhere Abgaben an Sachwerten (Zehnt) und an Steuern und Zinsen verlangten. In ihrer Notlage schlossen sich in vielen Gegenden Bauern zusammen. So stellten im Jahr 1525 die Bauern 12 Forderungen auf. Darin heißt es u. a.:

„... ist es Brauch bisher gewesen, dass man uns für Eigenleut (Leibeigene) gehalten hat. Das ist zum Erbarmen, da uns Christus alle mit seinem kostbaren Blut erlöst hat – den Hirten, wie den Höchsten. Darum ergibt sich aus der Schrift, dass wir frei sind und wollen sein.
... ist es bisher Brauch gewesen, dass keiner außer den Grundherren das Recht gehabt, das Wildbret zu jagen oder im Fluss zu fischen. Gott aber hat die Tiere für alle Menschen erschaffen.
... unsere Herrschaften haben sich alle Wälder allein zugeeignet. Wenn ein Bauer Holz braucht, muss er es zu einem hohen Preis kaufen. Die Wälder, die weltliche und geistliche Herren nicht rechtmäßig gekauft haben, sollen wieder der ganzen Gemeinde gehören.
... viele Wiesen und Äcker haben sich die Herren unrechtmäßig angeeignet. Wir verlangen, dass sie an die Gemeinde zurückfallen.
... wir führen harte Klage über den Frondienst, der von Tag zu Tag zunimmt. Wir verlangen, dass man uns nicht zu hart mit dem Frondienst belastet."

5. Unterstreiche die Sätze oder Satzteile rot, in denen die Bauern Klage über Missstände führen.
6. Unterstreiche die Sätze oder Satzteile schwarz, in denen die Forderungen der Bauern deutlich werden.

Rädern, Henken, Pfählen, Enthaupten und Ertränken nach der Aburteilung durch ein Schnellgericht.

Die Grund- und Landesherren wollten die Forderungen der Bauern nicht erfüllen. Da kam es vor allem in Württemberg, Schwaben, im Elsass und in Thüringen zu blutigen Kämpfen. Bauerngruppen stürmten Burgen, Klöster und Kirchen und zündeten sie an. Viele Gruppen raubten und plünderten und schreckten auch vor Bluttaten nicht zurück. Die besser gerüsteten Landsknechtsheere der Fürsten schlugen die Bauernaufstände nieder und nahmen grausame Rache. Tausende von Bauern wurden gehenkt, verbrannt, gerädert oder verstümmelt. Die traurige Lage des Bauernstandes wurde nach den Bauernkriegen noch schlechter.

Ausschneideblatt 2

Zu Seite 10

Sie waren aus den Reihen der Freien hervorgegangen. Sie hatten die größten Viehherden und waren besonders angesehen. Sie stellten die Richter und Priester und die Anführer im Krieg.

Sie waren Sklaven, zumeist Kriegsgefangene. Sie mussten niedrige Arbeiten verrichten. Sie bildeten die unterste Schicht.

Freigelassene Kriegsgefangene. Sie hatten zwar persönliche Freiheit, durften aber das Dorf, in dem sie wohnten, nicht verlassen.

Zu dieser Gruppe gehörten die freien Bauern. Sie bildeten den größten Teil der Bevölkerung. Sie hatten politische Rechte und durften Waffen tragen.

Zu Seite 12

Zu Seite 14

Er regierte in einem Holzpalast im heutigen Ungarn. Sein großes Reich zerfiel bald nach seinem Tode. In der Nibelungensage ist er als König Etzel bekannt.

Alarich war der König der Westgoten und starb im Jahre 410 n. Chr. in Italien. Sein Grab soll unter den Fluten des Busento verborgen sein.

Theoderich lebte von 454–526 n. Chr. und führte die Ostgoten vom Schwarzen Meer nach Italien.

Er war ein mächtiger König der Hunnen. Unter seiner Führung drang sein kriegerisches Reitervolk bis in das heutige Frankreich vor. Dort wurde es im Jahre 451 auf den katalaunischen Feldern von Germanen und Römern geschlagen.

Er zog mit seinem Volke zunächst nach Griechenland, später nach Italien. Hier eroberte er sogar die Stadt Rom.

Theoderich herrschte als König über Ostgoten und Römer. Wir kennen ihn in der Sage als Dietrich von Bern. In Ravenna steht heute noch sein Grabmal.

zu Seite 16

Er stammte aus einer edlen angelsächsischen Familie. Er wurde von irischen Mönchen zum Christentum bekehrt. Im Alter von 36 Jahren kam er als Missionar nach Deutschland.

732 wurde Bonifatius vom Papst zum Erzbischof erhoben. Damit hatte er die Leitung der Kirche in Deutschland. Er gründete Bistümer, setzte Bischöfe ein und achtete auf Zucht und Ordnung der Geistlichen. Sein Amtssitz wurde Mainz.

Zuerst predigte er den Friesen das Christentum. Hier hatte er aber nicht viel Erfolg. Später, nachdem er in Rom vom Papst zum Bischof geweiht worden war, missionierte er in Thüringen und besonders in Hessen. Überall, wo er den Glauben verkündete, baute er Klöster und setzte Priester ein.

usschneideblatt 1

Zu Seite 3

Er unterstützte und beriet die Regierung. Er hatte 300 Mitglieder, auf Lebenszeit gewählt.

Sie wurden von den Plebejern gewählt. Schützten sie vor der Macht der Adeligen.

Beschloss Gesetze, wählte Beamte. Dazu gehörten alle Bürger Roms.

Sie standen an der Spitze der Regierung. Sie wurden für 1 Jahr gewählt.

Zu Seite 7

Die Wohnungen waren niedrig und hatten oft nur einen Raum. Weil es keine Toiletten gab, mussten öffentliche Aborte benutzt werden.

Die Häuser hatten 5–6 Stockwerke. Im Erdgeschoss lagen die Krämerläden und die Werkstätten.

Die Häuser hatten einen Innenhof mit Wasserbecken. Jedes Familienmitglied hatte eigene Räume.

Jedes Haus hatte Bäder, Toiletten und Mosaikfußböden. Zum Haus gehörte auch ein Garten.

Zu Seite 4

Er war ein mächtiger Feldherr und übernahm allein die Führung des Staates (Diktator).

Er war der erste Kaiser der Römer, die unter seiner Regierung lange in Frieden leben konnten.

Er unterwarf die Gallier und Briten und erweiterte das römische Reich bis zum Rhein und bis zur Donau.

Zu seiner Zeit nahmen Kunst und Wissenschaft einen großen Aufschwung. Unter seinem Einfluss entstanden in Rom prächtige Bauwerke.

Zu Seite 5

Ihre Gebiete waren in Provinzen eingeteilt. Sie hatten keinerlei Rechte. Sie mussten vor allem Steuern zahlen und für die Römer arbeiten.

Sie wohnten in Rom und in der näheren Umgebung von Rom. Sie durften Gesetze beschließen und Beamte einsetzen. Sie zahlten keine Steuern.

Rom schloss mit ihnen Verträge ab. Sie durften ihre inneren Angelegenheiten selbst ordnen. Im Krieg mussten sie Truppen stellen.

Zu Seite 8

Sie lehrten: „Es gibt nur einen Gott, unseren Herrn. Ihn allein wollen wir von ganzem Herzen lieben“.

Sie glaubten an Naturgottheiten. Alle Untertanen mussten den Kaiser als Gott anerkennen und ihm opfern.

Die Menschen hatten unterschiedliche Rechte. Millionen von Sklaven durften verkauft oder sogar getötet werden.

Viele lebten im Wohlstand und kümmerten sich nicht um Arme, Waisen und Witwen.

Ihre Gemeinden teilten, was sie besaßen. Sie halfen besonders den Armen und Kranken.

Bei ihnen waren alle Menschen vor Gott gleich. Keiner sollte unterdrückt oder gar getötet werden.

Zu Seite 6

Der Marktplatz der Stadt. Hier lagen die wichtigsten Amtsgebäude. Hier wurde die Politik des Weltreiches gemacht.

Rennbahn, wo Pferde- und Wagenrennen stattfanden. Die Tribünen hatten Platz für 300 000 Zuschauer.

So hießen die öffentlichen Bäder mit Warmwasserbad, Heißluftbad, Schwimmbecken, Massageräumen, Lesehallen und Sportplätzen.

Rundes Stadion für 50 000 Zuschauer. Hier kämpften Gladiatoren gegeneinander oder gegen wilde Tiere.

Marmorpalast mit Innenhöfen, Säulengängen und vielen Räumen. Hier wohnte der Kaiser.

Gewaltige Bogenbrücken aus Stein. Über sie wurde frisches Quellwasser aus den Bergen nach Rom geleitet.

Ausschneideblatt 3

Eine Wallfahrt zur heiligen Stadt Mekka machen.

Zu Seite 19

Im Fastenmonat täglich von Sonnenauf- bis Sonnenuntergang fasten.

Fünfmal täglich beten mit dem Gesicht nach Mekka.

Es gibt keinen Gott außer Allah. Mohammed ist sein Prophet.

Die Armen mit milden Gaben unterstützen.

Zu Seite 22

Erfahrene Krieger, die in den Grenzmarken regierten und die Grenzen schützten.

Sie regierten einen Gau, verwalteten die Hofgüter, zogen Steuern ein und hielten Gericht.

Sie überwachten die Gau- und Markgrafen und gaben dem König Bericht.

Zu Seite 24

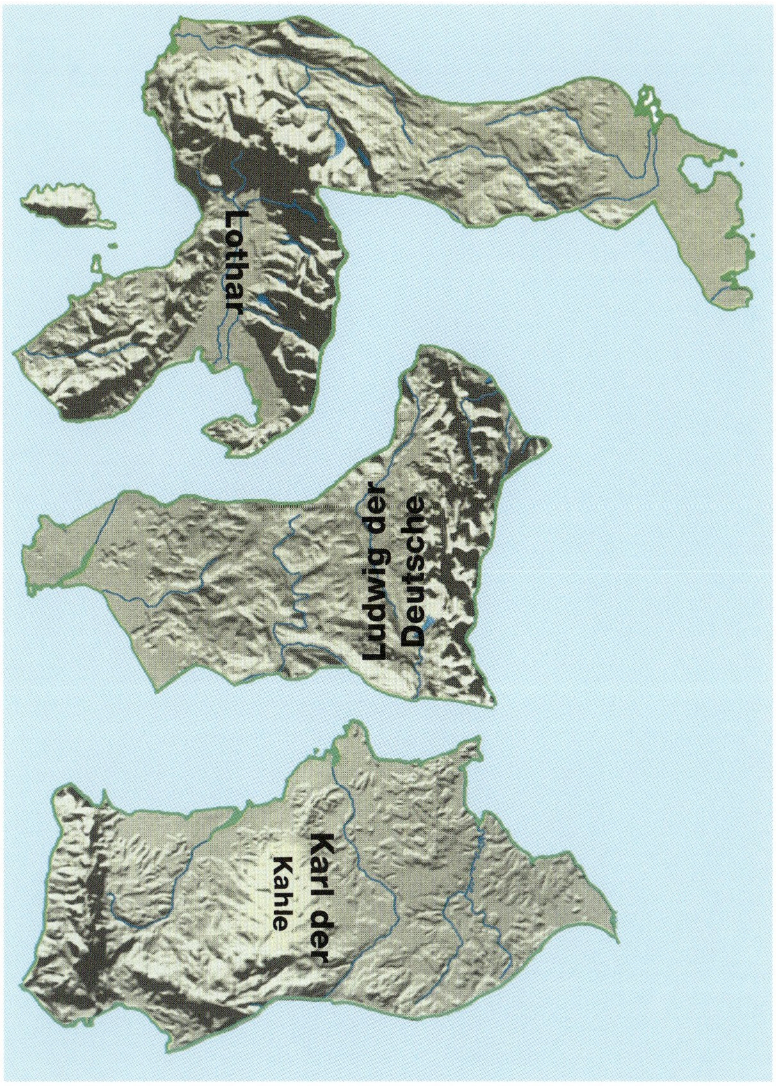

Ausschneideblatt 4

Zu Seite 25

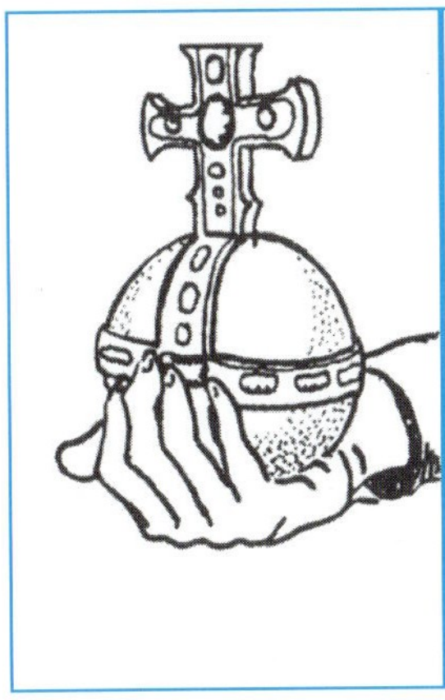

Zu Seite 31

In bestimmten Zeiten und an bestimmten Tagen musste der Bauer mit seinen Söhnen auf den Feldern des Grundherrn arbeiten. Die Bäuerin musste für den Grundherrn Brot backen, waschen und spinnen, die Kinder mussten das Vieh hüten.

Der Bauer musste seinen gesamten Besitz an einen geistlichen oder weltlichen Gundherrn übertragen.

Die Hörigen können mit ihren Familien Zuflucht in der Burg oder auf dem Herrensitz des Grundherrn finden.

Der Grundherr verlor eine Arbeitskraft. Diesen Verlust musste der Hörige entgelten.

Die Grundherren versorgten die Hörigen aus ihren Vorräten mit Lebensmitteln.

Der Hörige musste für das ihm überlassene Stück Acker den zehnten Teil dessen, was er im Jahr erwirtschaftet hatte, abliefern: den Kornzehnt, Rinderzehnt, Lämmerzehnt, Obstzehnt und Geflügelzehnt.

Zu Seite 44

Er führt die Stadtkasse und ist verantwortlich für den Stadthaushalt.

Sie vertreten die Stadt. Sie leiten den Rat und sind Vorsteher der Polizei.

Sie müssen alle wichtigen Botschaften des Rates und der Stadtverwaltung befördern.

Sie sind verantwortlich für das Trinkwasser und Abwasser, für Bäche und Kanäle.

Sie kümmern sich um alle Angelegenheiten der Juden, die in einem eigenen Viertel wohnen.

Er ist Vorsteher der Kanzlei und verwaltet das Stadtarchiv mit wichtigen Dokumenten.

Sie sorgen dafür, dass Straßen und Plätze der Stadt in einem guten Zustand sind.

Sie halten Gericht und bestrafen die Rechtsbrecher.

Sie leiten und überwachen die Zünfte der Handwerker.